»Ich bin ich, Lars, vierzehn.«

Susanne Kurz

»Ich bin ich, Lars, vierzehn.«

Über das Leben mit Spina bifida

Mit Vorworten
von Professor Dr. med. Klausdieter Parsch, Stuttgart
und Dr. med. Konstantin von Puttkamer, Tübingen

Attempto Verlag

Die Autorin und der Verlag bedanken sich bei folgenden Personen und Firmen für ihre Unterstützung:

Barbara Thurner-Fromm, Stuttgart
Manfred Grohe, Kirchentellinsfurt
Christiane Hoyer, Tübingen

Medical Service, Bad Liebenzell
Weber und Greissinger, Stuttgart
Pro activ, Dotternhausen
Handbike-Team, Gärtringen
ASbH e.V. Bundesverband, Dortmund

Die Deutsche Bibliothek – CIP-Einheitsaufnahme

Kurz, Susanne:
»Ich bin ich, Lars, vierzehn« : über das Leben mit Spina bifida / Susanne Kurz. Mit Vorw. von Klausdieter Parsch und Konstantin v. Puttkamer. - Tübingen : Attempto-Verl., 1998
(Attempto Lebenswege)
ISBN 3-89308-266-2

Dischingerweg 5, D-72070 Tübingen

Satz: Informationsdesign D. Fratzke, Pfullingen
Druck: Müller & Bass, Tübingen
Einband: Nädele, Nehren
Printed in Germany

ISBN 3-89308-266-2

Für meine Kinder
Lars, Lisa, Leoni und Lara

Inhalt

Vorworte

»Das bin ich, Lars« hieß das erste Büchlein, das Susanne Kurz 1991 über ihren Sohn geschrieben hat. Einfühlsam wurde damals das Leben des Tübinger Buben Lars mit Spina bifida dargestellt und in Fotos festgehalten. Viele Eltern, die mit ihren Kindern vergleichbare Sorgen durchleben, haben Kraft und Zuversicht aus den von und für Lars geschriebenen Gedanken geschöpft.

Jetzt ist Lars vierzehn Jahre alt, die Dinge, die Mutter und Sohn jetzt zu Papier bringen, zeigen die Medizin aus der Sicht des betroffenen Kindes. Die Akzeptanz seiner Krankheit und seine bejahende Einstellung zum Leben haben Lars geholfen, die Widrigkeiten von Operationssaal, Narkose oder Gips von der heiteren Seite aus zu sehen. Wie gut nachvollziehbar ist das »Arztspiel« der Geschwister mit ihren Kuscheltieren, nachdem der größere Bruder eine Operation hinter sich bringen mußte.

Wie fühlt man sich, wenn man zu einer Operation einbestellt, wenn man im ›Olgäle‹ aufgenommen wird? In der Klinik gängige Jargons wirken für das zehnjährige Kind zunächst beängstigend. Die Hilfsmittel, die Schienen zum Stehen und Gehen, das Rollbrett, der Rollstuhl, das Handbike, die Hilfsmittel werden erklärt. Der Spaß ist neben der Anstrengung nicht zu übersehen, wenn mit dem Rollbrett Karussell gefahren wird. Welch ein Erlebnis, wenn man als Rollstuhltorwart den Mitspieler am Einschuß hindert!

Im ersten Teil dieses Buches werden nun medizinische Grundkenntnisse über *Spina bifida* und *Myelomeningocele* dargestellt. Mit einfachen Worten erhalten Eltern und Verwandte von Betroffenen Informationen, worum es eigentlich bei dieser Erkrankung geht, welche Folgeerscheinungen des offenen Rückens sich auch an Schädel, Blase und Beinen zeigen.

Über die Jahre durfte ich Lars *meinen Freund* nennen, ihn begleiten, seine Sorgen und Nöte teilen. Das vertrauensvolle Verhältnis hat uns Aufgaben lösen lassen, ohne daran zu verzweifeln und ohne den Spaß zu verlieren.

Aus dieser Freundschaft heraus schreibe ich gerne das Geleitwort. Ich bin sicher, daß das zweite Büchlein von Lars und seiner Mutter Susanne Kurz, das mit einer Fülle fundierter Informationen Betroffenen Mut macht, dieses Schicksal zu bewältigen, eine große Verbreitung finden wird.

Prof. Dr. med. Klausdieter Parsch, Stuttgart

Mit dem Zuwachs an Behandlungsmethoden in der Entwicklung einer hochtechnisierten modernen Medizin wachsen Heilungserwartungen. Hoffnungen richten sich auf die Breite des therapeutischen Angebotes, die Zunahme des Repertoires und der Behandlungsmöglichkeiten, aber sie beziehen sich auch darauf, daß Mögliches wahrscheinlich wird, wenn nur das Richtige aus einem breit gefächerten medizinischen Behandlungsspektrum ausgewählt wird. Groß ist die Sehnsucht, durch real oder vermeintlich Machbares in der medizinischen Behandlung Hoffnung auf vollständige Heilung zu erwecken.

Die Zweifel an der Effizienz moderner medizinischer Methoden stellt die andere Seite der gleichen Medaille dar. Angesichts solcher Gedanken, aber auch im Vergleich mit einer Jugend, die sich an Leistungsfähigkeit orientiert, wiegt die Erkenntnis schwer, daß etwas nicht geheilt werden kann. Je deutlicher der Anspruch auf Erfolg und Teilnahme am Lebensbild der leistungsfähigen Jugend wird, desto schmerzlicher ist die Konfrontation mit dem therapeutisch Unmöglichen. Gerade hier legt dieses Buch ein Kapitel offen, das den unendlichen Mut offenbart, den ein betroffener Junge mit Hilfe seiner Eltern und Geschwister aufbringen kann und muß, um sein Leben zu gestalten, seine Individualität unter Akzeptanz seiner Behinderung zu finden und gegenüber anderen durchzusetzen. Diese ständige Erkenntnis, unreale Erwartungen durch schmerzhafte Erfahrungen korrigieren zu müssen, bietet genügend Möglichkeiten, Enttäuschungen aufzubauen. Unsere Aufgabe als Erwachsene ist es, uns durch Einfühlungsvermögen in die Materie hineinzuversetzen, das Gefühl des gemeinsamen Einwirkens und Mitwirkens in einem langwierigen Anpassungsprozeß mit Wärme aufrechtzuerhalten, um in kurzfristig auftretenden Situationen auch Enttäuschungen zu überwinden, wenn zum Beispiel wieder ein Klinikaufenthalt ansteht, weit weg von zu Hause, mit neuen Änderungen und Ängsten.

Der Sinn eines solchen Buches sollte sein, eine wirksame Hilfe auf psychischer sowie pädagogischer und psychosozialer Ebene zu finden, die hilft, Resignation abzubauen im Gespräch und in der Teilnahme an der Entwicklung eines behinderten Kindes.

Lars ist im Laufe der Jahre in seiner Entwicklung zu einem solchen Gesprächspartner geworden und damit auch zu einem Lehrmeister für die ihn behandelnden und unterstützenden Ärzte.

Dr. med. Konstantin von Puttkamer, Tübingen

Einleitung

1991 brachte ich in Eigenregie die Broschüre »Das bin ich, Lars« heraus.

Gedacht zunächst als Bilderbuch für Kinder. Darüber hinaus aber war mein Anliegen, einer breiteren Öffentlichkeit darzulegen, was eigentlich unter der Diagnose *Spina bifida* zu verstehen ist. Über Aufklärung wollte ich Verständnis wecken, um Hemmschwellen abzubauen und so Erwachsenen wie auch Kindern den Umgang mit dieser Behinderung, ja, mit Behinderung überhaupt zu erleichtern.

Diese Broschüre fand großen Anklang. Die unverhofft große Resonanz – ich erhielt viele Zuschriften und Anrufe – war eine große Bereicherung für mich und bestärkte mich darin, mit der Veröffentlichung dieser Broschüre den richtigen Weg beschritten zu haben.

Nun ist Lars älter geworden und damit haben sich neue Situationen ergeben. Die Probleme sind andere geworden, neue kommen hinzu, manche sind heute für uns keine mehr. Auch hat sich unsere familiäre Situation verändert. Die Geschwisterkinder sind älter und reifer geworden. Wir Eltern haben unsere Verbindung gelöst.

Mit der Erweiterung und Überarbeitung der damaligen Broschüre wollte ich nun einen ›Ratgeber‹, ein ›Nachschlagewerk‹ schaffen, um aufzuzeigen, wie wir den Weg mit Lars in unserer Mitte gemeinsam gestalten und gehen, und wie wir ein glückliches Leben führen können, trotz und mit der schweren chronischen Behinderung.

Das vorliegende Buch, das mit Hilfe des Attempto Verlages erscheinen kann, wendet sich an Kinder und Erwachsene gleichermaßen. Es möchte aufklären, Verständnis wecken und damit Basis sein für einen ›normalen‹ Umgang mit Menschen, die mit der Diagnose *Spina bifida* oder mit einer anderen Körperbehinderung leben müssen.

Das Buch gliedert sich in vier Teile:

– Anhand eines Fototeils wird mit kindgerechten Erläuterungen Lars Behinderung erklärt, die Szene eines Krankenhausbesuches gezeigt und die Bedingungen und Möglichkeiten seines Alltags dargestellt.

– Im zweiten Teil werden die medizinischen Aspekte von *Spina bifida* und *Hydrocephalus* erläutert.

– Ein weiterer Teil zeigt Möglichkeiten auf, mit dieser Behinderung umgehen und leben zu können.

– Der vierte Teil dann erzählt von der konkreten Situation unserer Familie, von Lars Geburt bis zu seinem 14. Lebensjahr, von seinen Schwestern und davon, wie sie mit ihm leben.

Dank sagen möchte ich nun Renate Taffener und Heike Schniepp, die mich sehr unterstützten, nicht nur beim Lesen des Manuskriptes. Auch, und besonders meinen Eltern, daß sie mich in der Kinderbetreuung immer so tatkräftig unterstützen und – daß sie Lars von Anfang an so akzeptiert haben, wie er ist. Erwähnen möchte ich auch die vielfältige Hilfe, die meine Brüder den Kindern und mir all die Jahre hindurch zukommen ließen und lassen. Ich denke hierbei an manche Spazierfahrt, die mein älterer Bruder mit Lars unternahm, um ihm die ›große Welt‹ zu zeigen, aber ebenso an meinen jüngeren Bruder, der so manches Computerproblem für Lars löste. («Kannst du kommen, alles gelöscht!?«).

Und nicht zuletzt ein Dank an alle Freundinnen und Freunde, die den Kindern und mir Unterstützung, Hilfe, Rat und Tat zukommen ließen.

Dieses Buch: ein gewöhnlicher Ratgeber? Oder doch: ein Buch für viele? Für offene Menschen? Schön wär's.

Susanne Kurz, im April 1998

Ich bin ich, Lars – Fototeil

Darf ich mich vorstellen? Das bin ich, Lars, geboren an einem Donnerstagmorgen 1984.

Meine ersten vier Monate mußte ich im Krankenhaus bleiben, weil ich eine große Wunde am Rücken hatte. Sie mußte zuerst heilen, bevor ich nach Hause durfte.

Wenn Ihr Eure Wirbelsäule mit den Händen entlang streicht, merkt ihr, daß es eine lange Ebene ist.

Bei mir ist im Brustbereich die Wirbelsäule ›unterbrochen‹, da sind die Wirbel nicht vollständig gewachsen. Von da an bin ich abwärts gelähmt. Das heißt, ich kann meine Beine und Füße nicht bewegen. Sie sind schlaff. Ich kann auch nichts spüren und fühlen, keine Wärme, keine Kälte und auch keinen Schmerz.

Ihr fragt Euch vielleicht, wie ich mich fortbewegen kann. Da gibt es eine Menge verschiedener Möglichkeiten: mit meinen Händen kann ich mich am Boden vorwärtsziehen.

Probiert es einmal! Die Beine sollen aber nicht mithelfen.

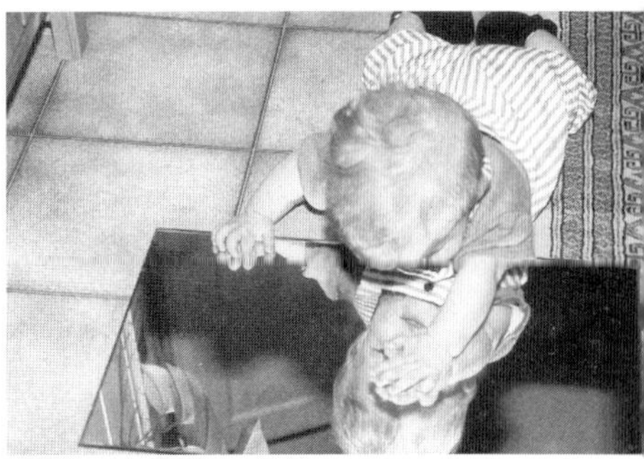

Mit meinem Rollbrett konnte ich ganz schnell fahren. Es ist einfach ein Brett mit vier Rollen an der Unterseite. Im Garten und auf dem Gehweg brauchte ich Handschuhe, denn manchmal gab es viele spitze Gegenstände am Boden. In der Wohnung fuhr ich natürlich ohne Handschuhe.

Das Rollbrett nannte ich ›Karussell‹, weil ich mich damit auch im Kreis drehen konnte.

Mein erster Stehapparat war ein ›Ding‹ aus Kunststoffschalen mit Lederriemen, die meine Beine festhielten. So ein Stehapparat half mir, die Welt stehend und von ›oben‹ anzusehen. Gebraucht habe ich ihn, weil ich in meinen Beinen keine Kraft habe, und sie mich nicht alleine tragen können.

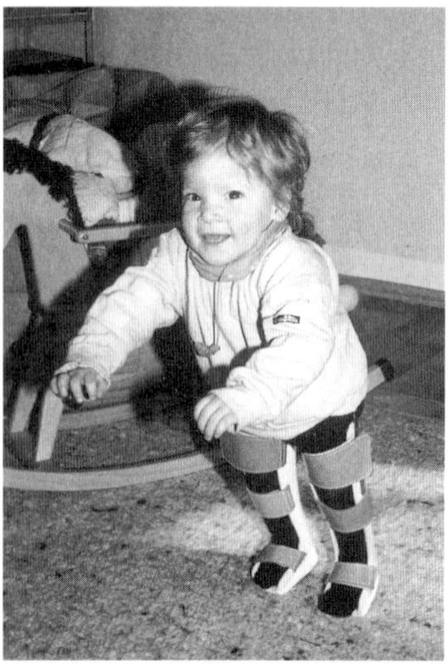

Mit diesem Rollator und dem Stehapparat konnte ich vorwärts hüpfen.

Auf dem Bild könnt Ihr gut sehen, wie meine Schwester beim Festziehen der Schrauben half.

Damit ich mich im Freien und auch in der Wohnung besser fortbewegen konnte, bekam ich mit drei Jahren einen Rollstuhl. Es macht ganz viel Spaß mit dem ›Rolli‹ zu fahren. Natürlich kann man auch viel Quatsch mit ihm machen. Hier saß ich verkehrt herum!

Zwei Fahrzeuge, mit denen ich gerne gefahren bin, zeige ich Euch hier:

Mein ›handbetriebenes‹ Dreirad. Ich konnte mit den Händen ›träbbeln‹, treten, so wie Ihr auch Euer Dreirad oder Fahrrad mit den Füßen vorwärtsbewegt.

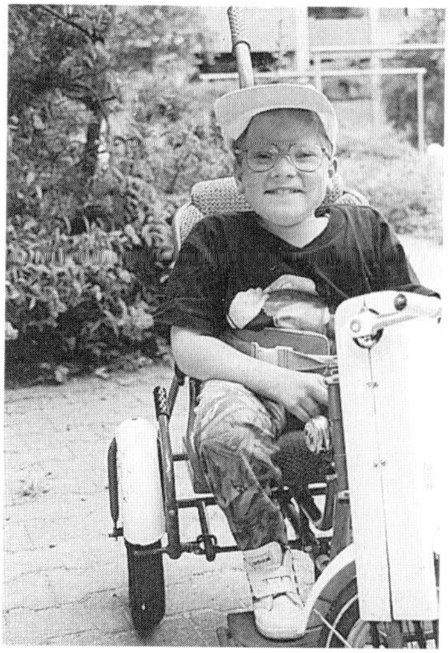

Der ›Roller Racer‹, ein witziger Name, ein tolles Gefährt. Mit Armbewegungen nach rechts und nach links fährt er vorwärts. Übrigens, ein Fahrzeug, das im Spielwarenhandel gekauft werden kann. Es ist nämlich kein spezielles Fahrzeug. Den Rollstuhl und das handbetriebene Dreirad bekommt man nur im Orthopädiefachgeschäft.

Wenn Ihr Lust und Gelegenheit habt, setzt Euch doch auch mal in einen Rollstuhl und fahrt!

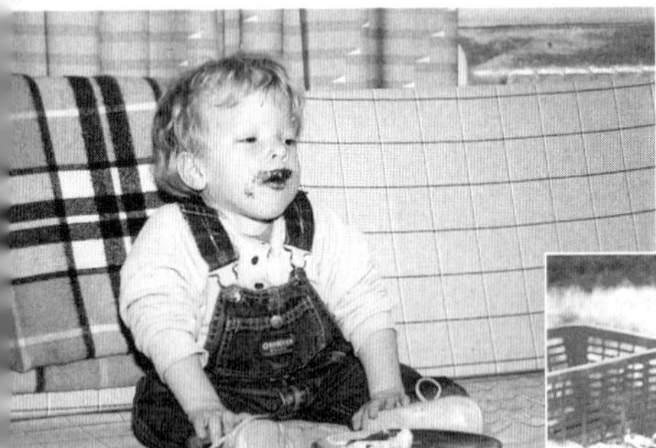

Ich spielte sehr gerne mit Autos und ich esse auch heute noch furchtbar gerne Nutellabrot.

Abends setzte mich meine Mama immer auf den Topf.

Wenn ihr ›Pippi‹ machen müßt, spürt Ihr das. Ich nicht. Deshalb habe ich auch Windeln an.

Durch die Unterbrechung der Wirbelsäule sind auch die Nerven unterbrochen, die melden, wenn man aufs Klo muß. Meine Nieren und meine Blase sind empfindlicher, deshalb gehe ich öfter zu einem Arzt, der mich untersucht. Es ist ein Urologe.

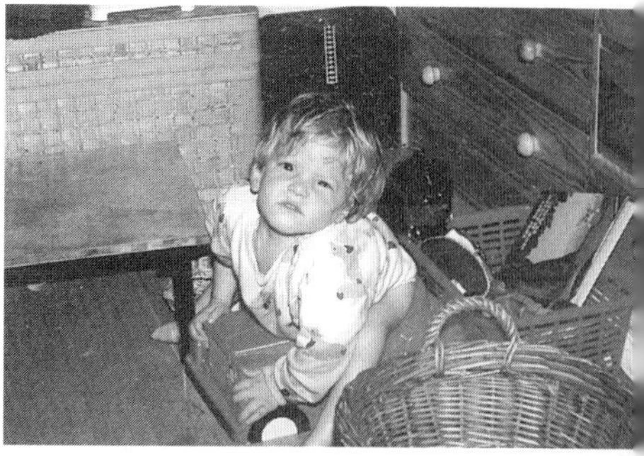

Mit eineinhalb Jahren durfte ich in ein Kindertagheim. Dort konnte ich von morgens bis abends mit anderen Kindern in meinem Alter spielen, essen und schlafen.

Als ich drei Jahre alt war, ging ich in einen Kindergarten.

Gerne spielte ich ›Memory‹. Ihr auch?

Mit sieben Jahren kam ich in die Schule. Hier seht Ihr mich an meinem ersten Schultag in einer Grund- und Hauptschule in Tübingen. Zwei Jahre lang besuchte ich diese Schule, dann kam ich in die dritte Klasse einer Körperbehindertenschule.

Ich möchte Euch das Krankenhaus und die Ärzte und Therapeuten zeigen, die ich zweimal im Jahr besuche. Es ist die Sprechstunde bei Herrn Professor Parsch im Olgahospital in Stuttgart.

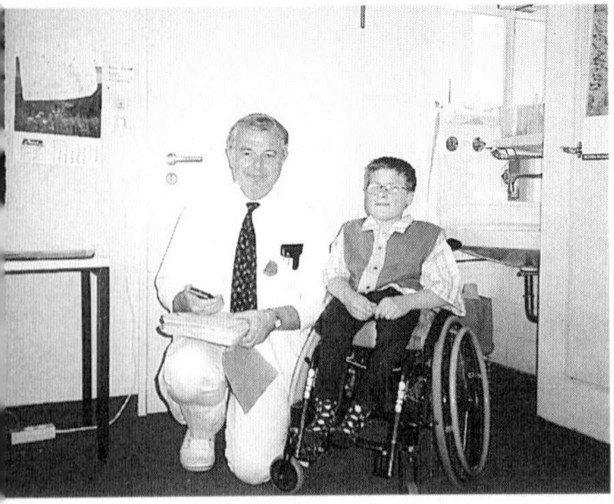

Er ist ein Arzt für Orthopädie. Orthopädie ist alles was mit den Knochen, Muskeln und Gelenken im Körper zu tun hat. Der Doktor untersucht mich. Ich darf ihm zeigen, wie ich mit meinem Apparat laufen kann und wie ich im Rollstuhl sitze.

Er und sein Team schauen nach meinen Füßen, Beinen, Knien, Hüften und nach meiner Wirbelsäule.

Heute stellt Professor Parsch die Diagnose: Kniebeugekontraktur beidseits.

Das heißt, meine Knie an beiden Beinen sind steif geworden, ich kann sie nicht mehr ganz ausstrecken. So passe ich nicht mehr gut in meinen Apparat zum Stehen und Gehen.

Die Therapie lautet: Kniebeugesehnenverlängerung. Das heißt, ich werde operiert, dabei werden meine Sehnen verlängert.

Stehen und Laufen ist für mich sehr wichtig. Meine inneren Organe (die Nieren, die Lunge ...) möchten nicht immer so zusammengedrückt werden wie beim Sitzen. Und ich habe beim Stehen einen besseren Überblick.

Probiert doch mal aus, wie Ihr etwas im Sitzen und etwas im Stehen seht.

Meine Krankengymnastin macht mit mir nun viele Körperübungen, damit ich gut auf die Operation vorbereitet bin.

Meine Mama erklärt mir, warum diese Operation so wichtig für mich ist.

Sie sagt mir auch, daß ich nach der Operation trotzdem nicht ganz alleine laufen kann. Aber wieder mit einem neuen Apparat, den ich danach angepaßt bekomme.

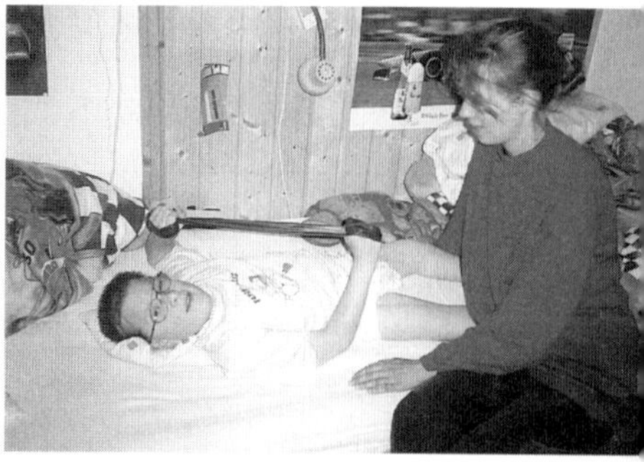

Es ist soweit. Ich werde ins ›Olgäle‹ aufgenommen. So heißt das Krankenhaus in Stuttgart.

Aufgenommen werden heißt, daß es dort ein freies Bett in einem Zimmer für mich gibt, und daß die Ärzte Zeit haben, mich zu operieren. Die Mama muß viele Papiere durchlesen und unterschreiben.

Vor der Operation gibt es noch einige Untersuchungen und Gespräche.

Manchmal müssen auch noch Röntgenaufnahmen gemacht werden. Das heißt, es gibt dann Bilder von meinen Knochen. Die Ärzte brauchen diese Bilder vor der Operation, um genau zu sehen, wie sie mich operieren müssen. Zuerst erhalte ich ein Medikament, damit ich müde werde. Es ist ein Saft zum Trinken. Meine Mama begleitet mich bis zum Operationsbereich. Wir reden noch ein bißchen miteinander, und ich erzähle ihr von meinem Wunsch, mit ihr Eis essen zu gehen, wenn ich wieder mit meinem Rollstuhl losfahren kann.

Die Operation ist vorbei und ich liege im Bett. Zwei große Gipse habe ich, einen am linken Bein und einen am rechten. Nun muß ich insgesamt zehn Tage hier liegen. Ich kann aber lesen oder Game-Boy spielen oder mit meinem Besuch reden. Übrigens, so kam ich endlich zu einem Game-Boy, den hat mir mein Onkel geschenkt.

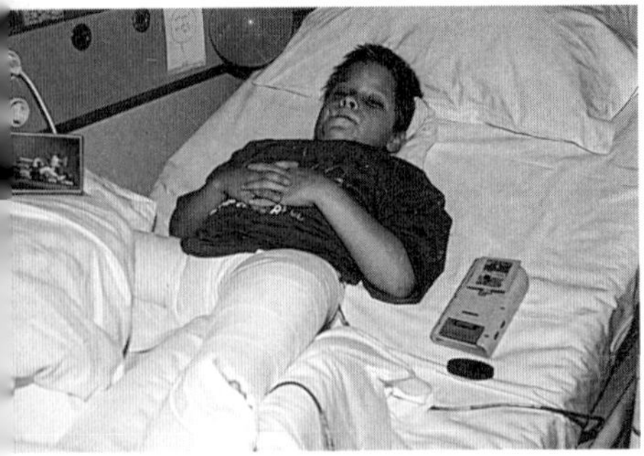

Gymnastik kann ich jetzt nur mit meinem Oberkörper machen.

Die Gipsverbände werden immer wieder erneuert, und dabei werden meine Wunden frisch verbunden.

Inzwischen bleibe ich auch in der Nacht ohne meine Mama im Krankenhaus, so daß sie am Abend zu meinen Schwestern fahren kann.

Anschließend bin ich für ein paar Tage zu Hause. Da freuen sich alle, weil die Mama nicht jeden Tag nach Stuttgart fahren muß. Meine Schwestern schieben mich dann daheim mit einem Liegerollstuhl, denn ich kann weder sitzen noch stehen.

Endlich! Die Gipse werden im Krankenhaus wieder abgenommen. Ich hatte sie vierzehn Tage. Natürlich nehme ich sie mit nach Hause, weil sie so schön bunt bemalt sind.

Nun erhalte ich Nachtschienen, die muß ich eine ganze Weile nachts anziehen. Das ist manchmal richtig blöd und lästig, aber sehr wichtig, sagen alle zu mir. Wichtig deshalb, weil meine Beine in der Streckung bleiben sollen, so wie sie operiert wurden.

Jetzt gibt es wieder einen neuen Geh- und Stehapparat. Den stellt ein Orthopädiemechaniker her. Alle Fachleute nennen ihn ›Oberschenkelstützapparat mit Beckenteil‹. Ich sage und zeige Euch, wie so ein Apparat gemacht wird:

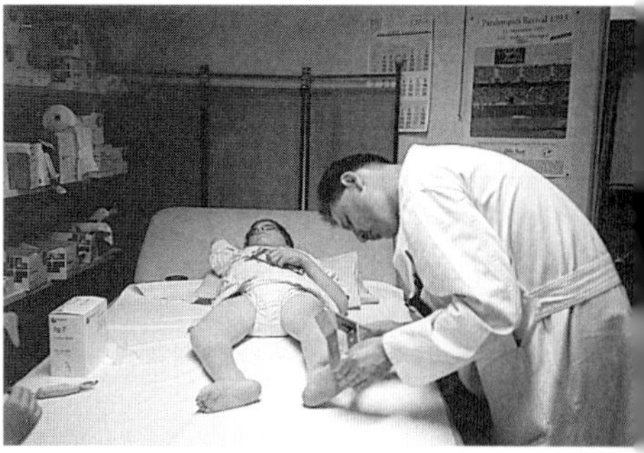

Zuerst werden meine beiden Beine gemessen. Der Orthopädiemechaniker, schreibt sich alles auf – er könnte ja sonst vielleicht vergessen, wie lang meine Beine sind!

Dann darf ich mir eine oder mehrere Farben auswählen. Ich möchte gerne einen bunten Apparat. Also rechts unten blau, rechts oben rosa und links unten rosa, links oben blau.

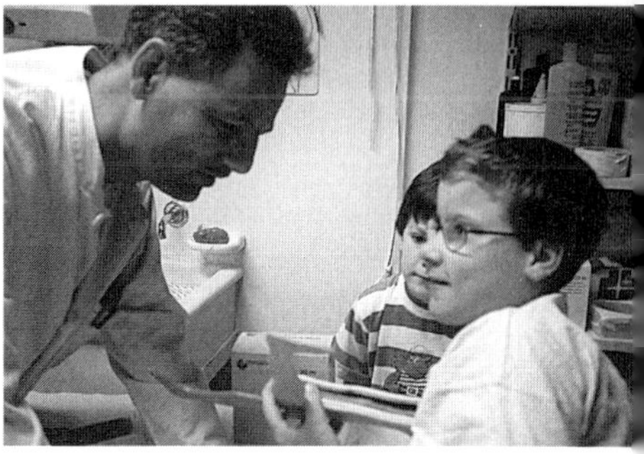

Anschließend wird von beiden Beinen ein Gipsabdruck genommen. Mit diesem Abdruck werden spater dıe Plastikschalen für mich gemacht, die so schön bunt werden sollen.

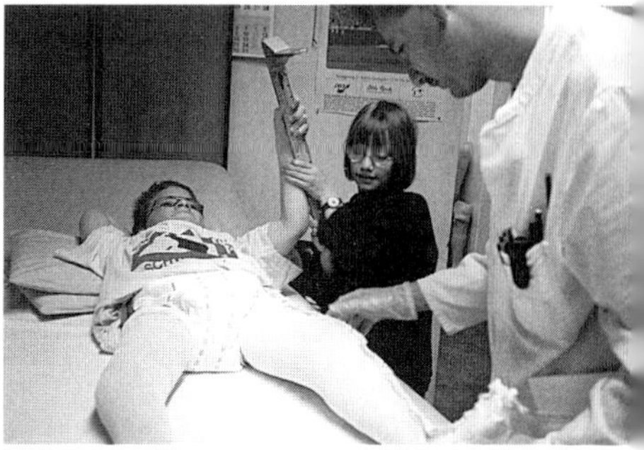

Dann dürfen wir wieder nach Hause, weil nun der Orthopädiemechaniker in seiner Werkstatt ganz viel arbeiten muß, bis ich zur Anprobe kommen kann.

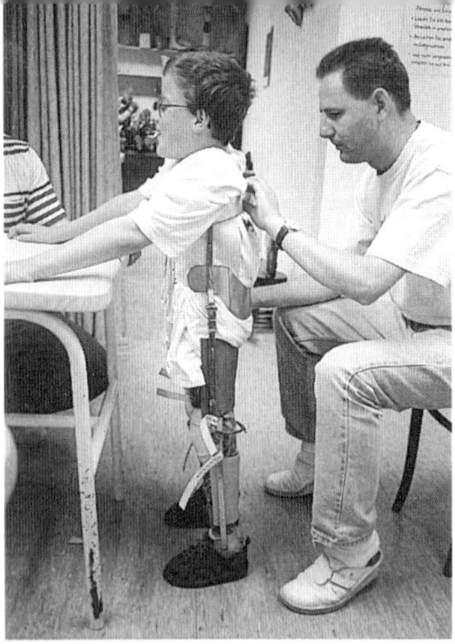

Die erste Anprobe: es ist ganz wichtig, daß dieser Apparat mir gut paßt, weil ich nicht spüre, wo er vielleicht drückt und mir Wunden macht.

Hier werden auch die Kniekappen ausgemessen, die Schuhe ausgesucht und die Oberteilgröße festgelegt.

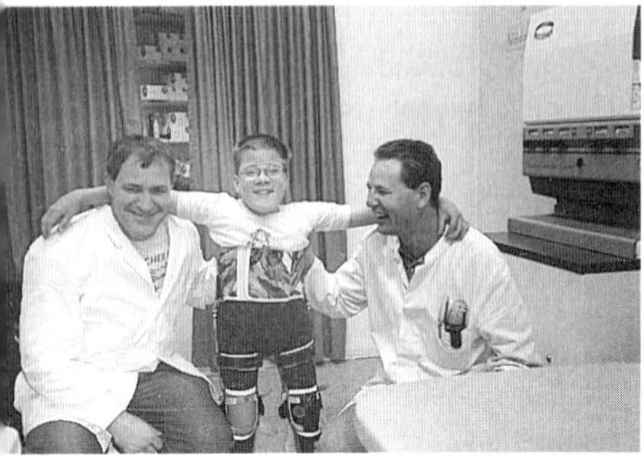

Beim dritten Besuch in der Orthopädiewerkstatt wird noch einmal angepaßt, gebogen, geschnitten, genäht und geschraubt. Dann ist mein Apparat fertig. Wir freuen uns alle.

Es dauert immer zwischen zwei und vier Stunden, wenn ein Apparat anprobiert wird. Die Zeit vergeht aber schnell, weil viele nette Menschen dort viel Spaß mit mir machen, und ich natürlich mit ihnen.

Hier zeige ich Euch mal meinen ersten Apparat, inzwischen ist er mir längst zu klein.

Wenn ich von einer Operation im Krankenhaus nach Hause komme, spiele ich mit meinen Schwestern gerne Arzt und ›operieren‹. Manchmal bringe ich meine Spritzen und die Schutzkleidung mit, und dann sind viele unserer Kuscheltiere krank.

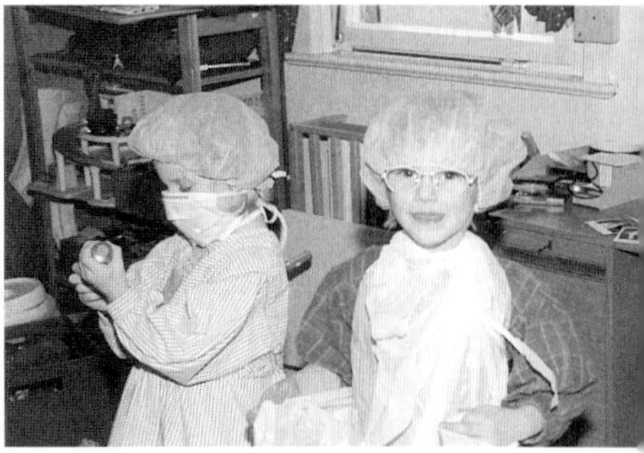

Manchmal gibt es nach Operationen noch Probleme. Einmal hatte ich von einem Gips eine offene Wunde, das nennt man Druckstelle. Da meine Beine nichts fühlen, merke ich nämlich nicht, wenn der Gips mich drückt. Auch die Krankenschwestern und Krankenpfleger können nicht in meinen Gips schauen und sehen, ob es mich drückt.

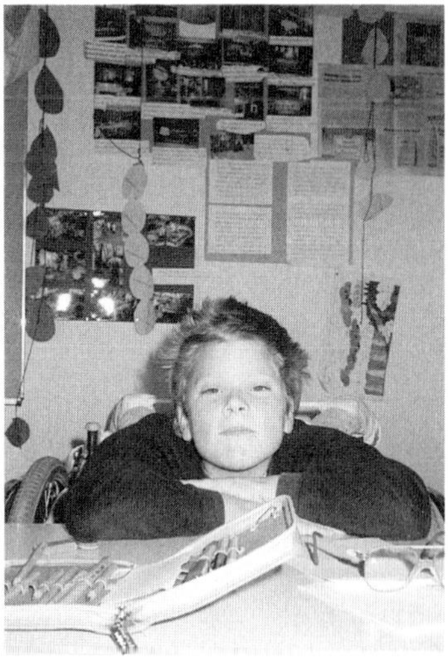

Einmal nun wollte so eine Wunde gar nicht heilen, und ich mußte sehr oft ins Krankenhaus nach Stuttgart, oder mein Kinderarzt kam zu mir.

Wenn es lange dauert mit den Gipsen an den Beinen, dann darf ich schon mal liegend in die Schule kommen.

Ganz furchtbar gerne gehe ich zum Schwimmen. Dafür habe ich einen Schwimmanzug aus Neopren, der ist ganz wasserdicht. Ich brauche ihn, weil ich sehr schnell friere, aber hauptsächlich, damit kein Urin und kein Stuhlgang ins Wasser kommen. Pinkelt Ihr auch manchmal ins Wasser?

Im Schwimmen habe ich die Schulnote ›sehr gut‹, weil ich wirklich ganz alleine schwimmen und tauchen kann.

Meine Fahrzeuge sind sehr wichtig für mich. Ich habe Euch am Anfang schon ein paar gezeigt. Nun bin ich aber gewachsen. Das Rollbrett ist jetzt viel zu kurz, da würden meine Beine am Boden streifen. In das Dreirad passe ich auch nicht mehr, genausowenig in den alten Rollstuhl. Ich habe einen neuen Rollstuhl bekommen, der kann immer wieder meiner Größe und meiner Breite angepaßt werden. Hier seht ihr ihn:

An diesem Rollstuhl kann ein Zusatz angebracht werden. Den nennt man ›Handbike‹.

Das Handbike hat Pedale wie ein Fahrrad, aber nicht für die Füße, sondern für die Hände. Dann brauche ich meinen Rollstuhl nicht mehr an seinen Rädern in Bewegung setzen. Dadurch bekomme ich viel Kraft in meinen Armen und Schultern. Was mit dem Handbike auch ganz toll ist: Ich bin beinahe so schnell wie meine Schwestern mit dem Fahrrad. So ein Handbike macht richtig Spaß.

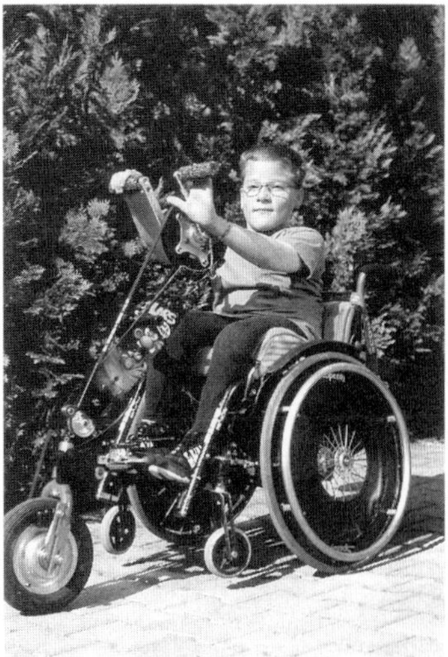

Meine Sommerferien verbringe ich gerne mit vielen anderen Kindern im ›Spatzennest‹.

Dort kann man von morgens um neun Uhr bis abends um achtzehn Uhr drei Wochen lang spielen, basteln, spazieren gehen. Jedes Jahr sind dort mindestens 300 Kinder im Alter von sechs bis vierzehn Jahren. Da ist echt was los. Ich wünschte mir, einmal bei einem Fußballspiel im Tor zu stehen, und wirklich, es klappte – schaut.

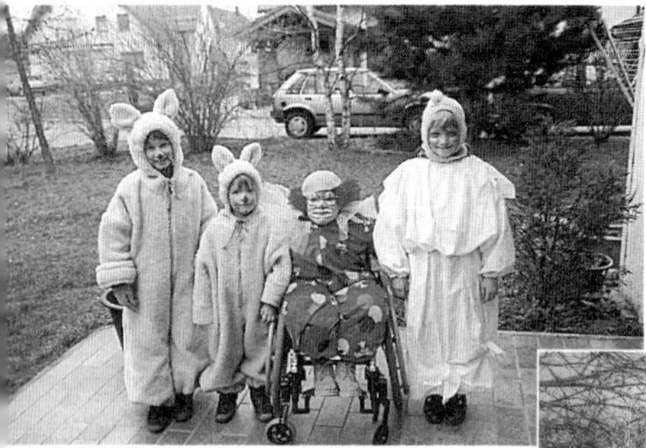

Was ich sonst so alles mache: angeln gehen, mich verkleiden, am Computer spielen, manchmal auch am Computer schreiben, zu Fußballspielen gehen, vor allem, wenn der

VfB Stuttgart spielt, mit meinen Schwestern spielen, aber auch streiten, und ein großer Fan von Michael Schumacher bin ich auch.

Mit meinem Apparat kann ich jetzt richtig viel machen. Als ich noch kleiner war, konnte ich das Gleichgewicht nicht so gut halten. Da war das Stehen im Apparat für mich richtig schwierig und ziemlich anstrengend. Es braucht viel Übung, mit dem Apparat laufen zu lernen und damit sicher zu sein. Mit Hilfe meiner Krankengymnastin habe ich mit dem Rollator ganz gute Fortschritte gemacht.

Jetzt kann ich damit schon fast überall hinlaufen, selbst ein Teppich am Boden ist kein Hindernis mehr für mich. Ich kann mich festhalten, wo ich gerne möchte, ohne meinen Rollator als Stütze. So kann ich nun auch zeigen, wie ich im Stehen ein T-Shirt anziehe:

Zum Abschluß zeige ich Euch, wie wir gewachsen sind.

Das erste Bild zeigt uns 1991, da bin ich sechs, Lisa vier, Leoni zwei Jahre alt, und Lara ist gerade zwei Monate jung.

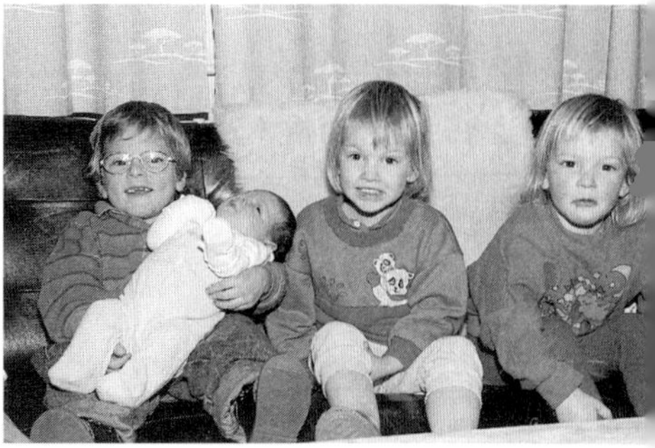

Auf dem zweiten Bild seht Ihr uns 1996, da bin ich schon zwölf, Lisa ist zehn, Leoni acht und Lara fünf Jahre alt.

Spina bifida und Hydrocephalus, eine medizinische Bestimmung

In den ersten Schwangerschaftswochen entwickelt sich bei jedem Embryo die Wirbelsäule. Zunächst bildet sich nur die Anlage des Rückenmarks in einem Nervenkanal, der sich bis zur vierten Schwangerschaftswoche zu einem Nervenrohr schließt und aus dem die Wirbelsäule entsteht. Schließt sich das Nervenrohr oder Neuralrohr nicht vollständig, so bleibt ein Wirbelbogen offen, dies nennt man *Spina bifida.*

Die Entstehung der Wirbelsäule und des Neuralrohres – Vorstufe des Zentralen Nervensystems:

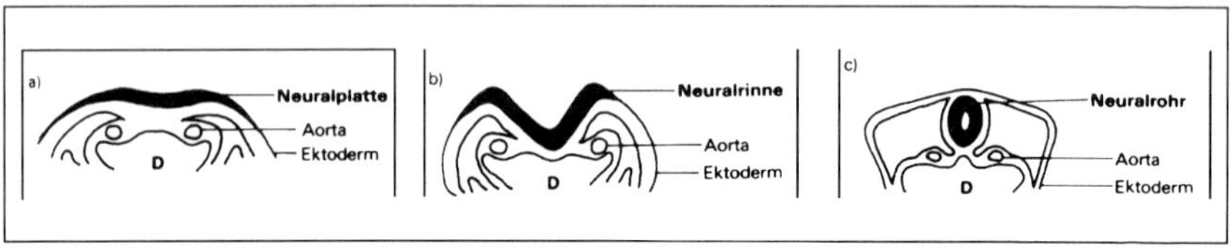

ASbH-Broschüre

Es gibt verschiedene Formen der Spina bifida.

1. Spina bifida occulta

Es ist die leichteste Form, hier wird ein Wirbelbogen nicht geschlossen. Es entstehen keine weiteren Entwicklungsstörungen.

2. Meningocele

Die Häute um das Rückenmark werden unter dem Druck des Hirnwassers vorgestülpt. Diese Blase oder Cele kann operativ beseitigt werden, es bleibt keine Behinderung.

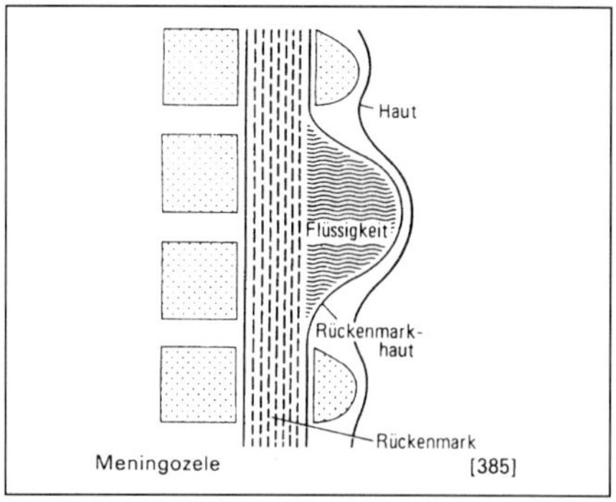

Pschyrembel, Klinisches Wörterbuch, Berlin 255. Auflage 1985

3. Myelomeningocele

Das Rückenmark und die Nervenstränge sind in einer Blase und werden dort mehr oder minder geschädigt.

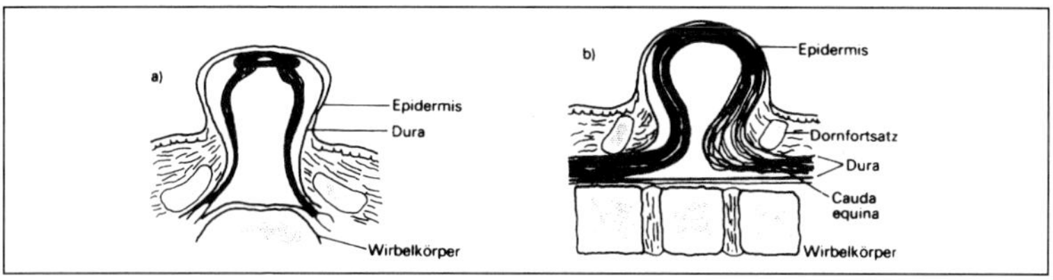

ASbH-Broschüre

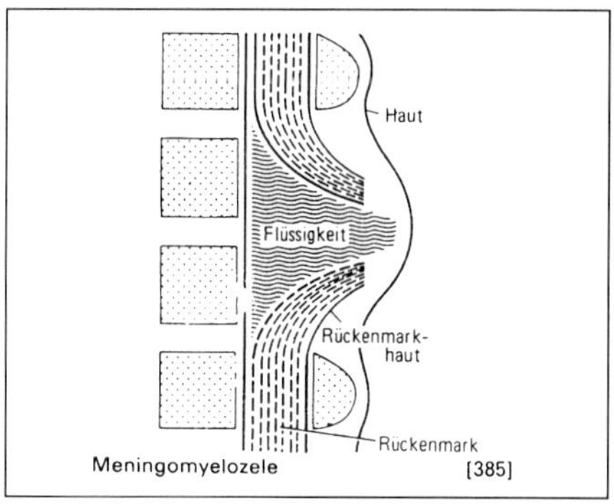

Pschyrembel, Klinisches Wörterbuch, Berlin 255. Auflage 1985

Die Wunde wird so früh wie möglich nach der Entbindung/Geburt operativ geschlossen. Eine Wiederherstellung der zerstörten Nerven ist bisher noch nicht gelungen.

Die Folge ist immer eine Störung in der Bewegungs- und Gefühlsfähigkeit der unteren Gliedmaßen bis hin zur Querschnittlähmung.

Die Entleerung von Blase und Mastdarm sind in Mitleidenschaft gezogen.

Die Erscheinungsbilder der Myelomeningocele sind unterschiedlich, so daß die Situation bei jedem Betroffenen anders beurteilt werden muß.

Die Cele kann in verschiedenen Wirbelbereichen auftreten:

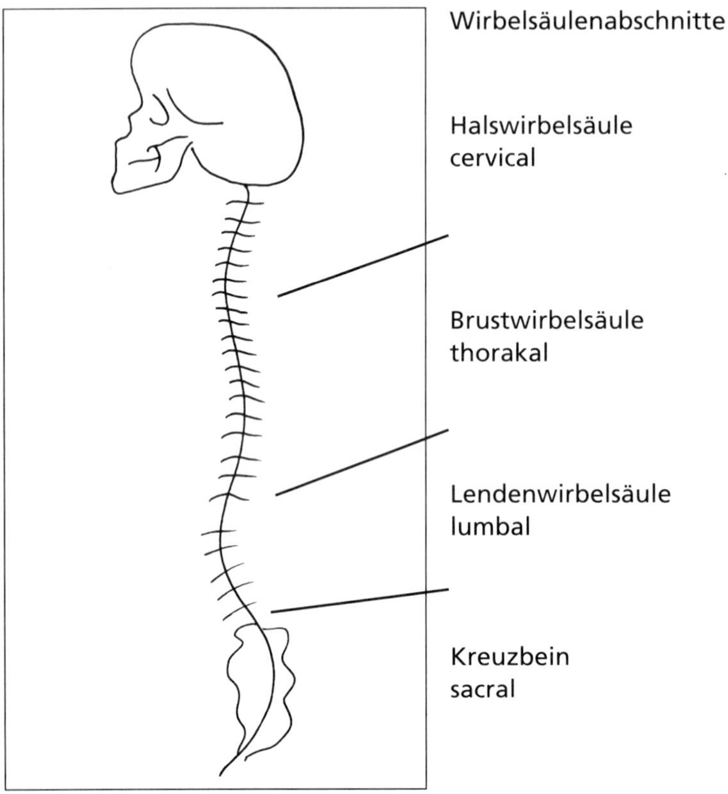

Zeichnung: S. Kurz

a. Cele im Brustbereich (Thorakale Lähmung)

Dies kann eine komplette Querschnittlähmung bedeuten. Die Beine sind völlig schlaff und nehmen meist eine Stellung ein, die man als Froschhaltung bezeichnet.

Häufig treten bei thorakalen Lähmungen inkomplette Lähmungen auf, das heißt, einzelne Muskelfunktionen können unterhalb der Cele noch intakt sein.

Hier sollte frühzeitig mit der krankengymnastischen Behandlung begonnen werden. Mit Stütz- und Gehapparaten wird das Kind sich mit Hilfe von Stöcken fortbewegen können. Ein Kinderrollstuhl sollte die Selbständigkeit und Unabhängigkeit unterstützen.

b. Cele im Lendenbereich (Lumbale Lähmung)

Hier hat eine Ungleichheit der Muskeln im Hüftbereich Fehlstellungen der Hüfte zur Folge. Selbständiges Gehen ist mit geringen orthopädischen Hilfsmitteln möglich.

c. Cele im Kreuzbeinbereich (Sacrale Lähmung)

Behinderungen treten vor allem an den Füßen auf (Klump-, Knickfuß).

Die Fehlstellung sollte durch orthopädische Maßnahmen, gegebenenfalls durch eine Operation, korrigiert werden, bevor das Kind laufen lernt.

Spina bifida ist oft gekoppelt mit einem *Hydrocephalus* (Wasserkopf), einer Unterbrechung des natürlichen Gehirnwasserkreislaufes.

Hydrocephalus entsteht durch einen Überdruck im Kopf als Folge einer gestörten Regulierung des Gehirnwasserabflusses. Das Gehirnwasser (Liquor) umspült Gehirn und Rückenmark und schützt das empfindliche Nervengewebe. Wird der Abfluß des Gehirnwassers gestört, erweitern sich die inneren Hohlräume, und das Gehirn wird zusammengedrückt.

Tritt der Hydrocephalus vor der Geburt oder beim Säugling auf, solange die Schädeldecke nicht zusammengewachsen ist, entsteht ein Druck des Gehirnwassers und führt zur Vergrößerung des Kopfumfanges. Eine künstliche Ableitung des Liquors wird notwendig.

Die Einpflanzung eines künstlichen Ableitungssystems in den Kopf ermöglicht, daß der Gehirnwasserdruck reguliert und gleichzeitig ein Rückfluß verhindert wird. Dieses System (Shunt oder Drainage) muß kontrolliert werden. Die Auswirkungen auf die geistigen Fähigkeiten sind mehr oder minder schwer.

Die Ursachen für die *Entstehung von Spina bifida* sind bis heute weitgehend ungeklärt.

Es wird ein multifaktorielles Geschehen angenommen (das genetische Material von Mann und Frau ebenso wie eventuell Umwelteinflüsse).

In Ländern, in denen Spina bifida häufiger auftritt, wird erforscht, ob Folsäuremangel (Vitamin-B-Komplex) während der Schwangerschaft eine Ursache darstellt.

Eine *vorgeburtliche Diagnostik* ist durch eine Blutuntersuchung (AFP – Alpha-Feto-Protein-Bestimmung) möglich. Des weiteren durch die Fruchtwasseruntersuchung (Amniozentese), die ab der 16. Schwangerschaftswoche durchführbar ist. Außerdem durch den Versuch der Ultraschall-Diagnostik.

Spina bifida – ein Leitfaden

Mit dem folgenden Schaubild (s. S. 36) möchte ich aufzeigen, welche Personen (Professionelle), aber auch Ämter und Institutionen von Bedeutung sind und Einfluß auf das Familien- und Privatleben nehmen, wenn ein Kind von Geburt an behindert, also chronisch krank ist.

Dieser Personenkreis ist am Anfang noch begrenzt, im Laufe der Zeit ergeben sich jedoch eine Vielzahl von Kontakten und häufige Wechsel.

Oft ist es nicht die Behinderung des Kindes, des Jugendlichen, die uns Eltern lähmt und hindert, sondern diese Vielfalt und Vielzahl von Kontakten: seien sie schriftlich, telefonisch, im ambulanten oder stationären Bereich oder sogar in unseren eigenen Wänden – in unserer Privatsphäre.

Auch die Dauer, der Zeitaufwand für die einzelnen ›Stationen‹ sind von großer Bedeutung.

Folgende Gesichtspunkte möchte ich näher erläutern:

1. Therapien
2. Ärztliche Versorgung
3. Hilfsmittelversorgung
4. Integration in Regel-, Sondereinrichtungen und im Freizeitbereich
5. Ämter und Institutionen
6. Bauliche Maßnahmen
7. Körperliche Entwicklung
8. Geschwister
9. Eltern- und Partnerschaft
10. Von der Notwendigkeit und der Schwierigkeit einer Koordination dieser Aspekte
11. Selbsthilfegruppen

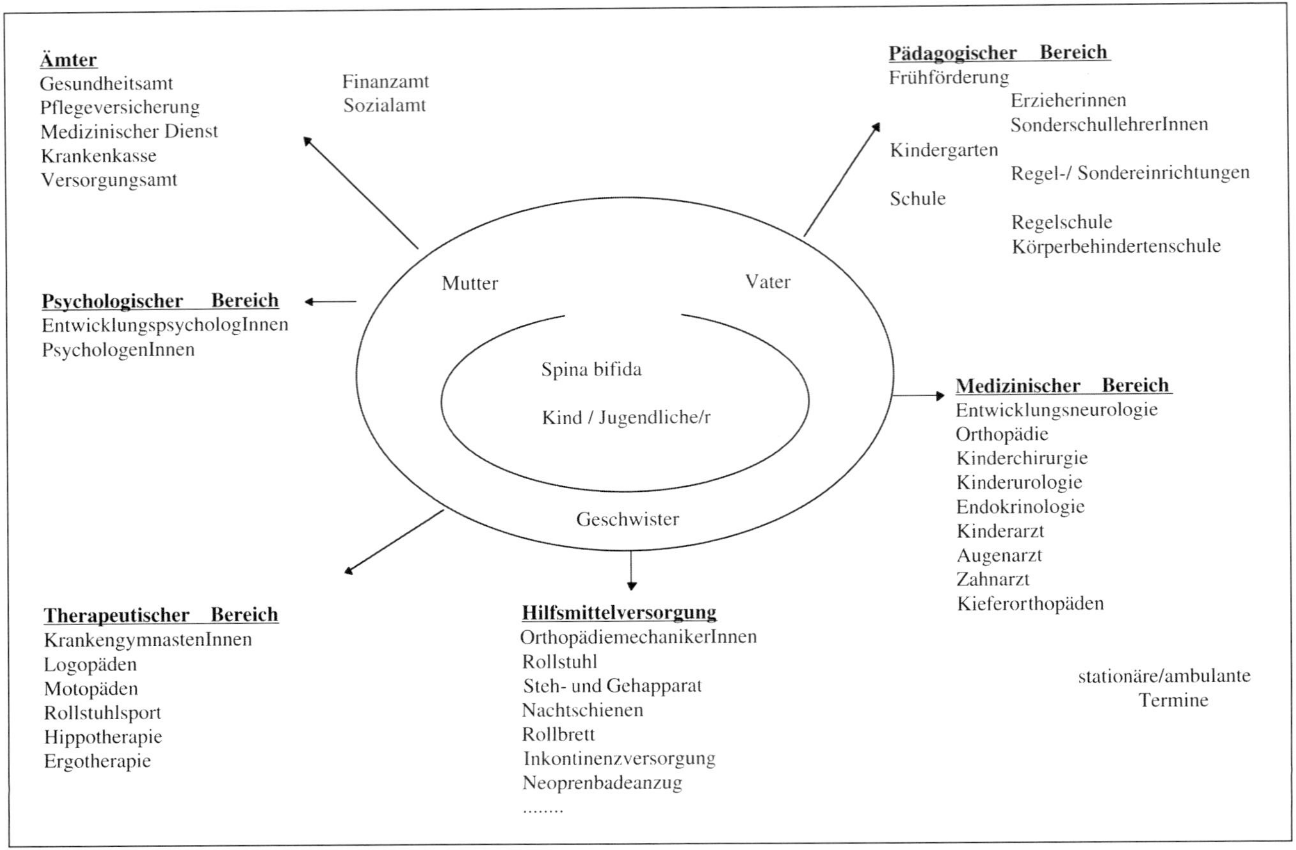
Ämter
Gesundheitsamt
Pflegeversicherung
Medizinischer Dienst
Krankenkasse
Versorgungsamt
Finanzamt
Sozialamt
Pädagogischer Bereich
Frühförderung
Erzieherinnen
SonderschullehrerInnen
Kindergarten
Regel-/ Sondereinrichtungen
Schule
Regelschule
Körperbehindertenschule
Mutter
Vater
Psychologischer Bereich
EntwicklungspsychologInnen
PsychologenInnen
Spina bifida
Kind / Jugendliche/r
Geschwister
Medizinischer Bereich
Entwicklungsneurologie
Orthopädie
Kinderchirurgie
Kinderurologie
Endokrinologie
Kinderarzt
Augenarzt
Zahnarzt
Kieferorthopäden
Therapeutischer Bereich
KrankengymnastenInnen
Logopäden
Motopäden
Rollstuhlsport
Hippotherapie
Ergotherapie
Hilfsmittelversorgung
OrthopädiemechanikerInnen
Rollstuhl
Steh- und Gehapparat
Nachtschienen
Rollbrett
Inkontinenzversorgung
Neoprenbadeanzug
....
stationäre/ambulante
Termine

1. Therapeutische Gesichtspunkte

Es gibt verschiedene Therapien, die für die körperliche und auch geistige Entwicklung von Bedeutung sind. Die Auswahl ist sehr groß, dennoch ›müssen‹ die Therapien gefunden werden, die für Kind und Eltern zumutbar und durchführbar sind.

Wichtig hierbei ist, eine Auswahl zu treffen, denn zu viele Therapien schränken das Kind wiederum in seiner Entwicklung ein.

Das Kind braucht einen gewissen Freiraum für sich selbst, um sich und seine Umwelt kennenzulernen, ohne ständig von einer Person dazu aufgefordert zu werden. Schön ist natürlich für Eltern, Kind und auch Geschwister, wenn noch genügend Zeit und Raum füreinander und miteinander verbleibt.

Hier möchte ich ein paar Therapiebeispiele nennen, die Lars in Anspruch genommen hat und nimmt:

Krankengymnastik auf neurophysiologischer Grundlage
(nach Vojta und/oder Bobath)

Diese Methoden sollen sowohl die Entwicklung des Nervensystems als auch die Entfaltung seiner Funktionen unterstützen.

Infolge der angeborenen Bewegungsstörung müssen die verfügbaren Bewegungsmöglichkeiten entwickelt und gestärkt werden.

Was für nichtbehinderte Kinder großenteils ein unbewußt ablaufender Lebensvollzug ist, muß bei Spina bifida Kindern immer wieder geübt und angeeignet werden.

Insofern sollte auf die krankengymnastische Behandlung nicht verzichtet werden.

Sie ist eine sehr wichtige Therapie, die die Kinder bis ins Alter begleiten wird. Sie sollte von Anfang an stattfinden, d.h. sie sollte schon im Krankenhaus beginnen und in regelmäßigen Abständen weitergeführt werden.

Vor Operationen wird zum Beispiel durch gezielte Maßnahmen versucht, die Haut in bestimmten Körperregionen zu dehnen. Auch nach Operationen hilft die Krankengymnastik, Ergebnisse zu halten bzw. Streckungen oder Beugungen langsam, soweit wie möglich, wieder vollziehen zu können.

Um eine gute Durchblutung der gelähmten Extremitäten zu erzielen, werden diese durchbewegt und massiert. Auf diese Weise wird darüber hinaus auch Druckstellen vorgebeugt.

Wichtig ist eine gute Zusammenarbeit mit der Krankengymnastin oder dem Krankengymnasten, da viele Übungen von den Eltern zu Hause, als weitere Unterstützung, übernommen werden können. Das heißt, die Übungen sollten spielerisch in den täglichen Ablauf mit einbezogen werden. Eltern sollten nicht zu Co-Therapeuten werden.

Krankengymnastik kann zu Hause, ambulant in der Klinik oder in einer Praxis erfolgen.

Pädagogische Frühbetreuung
Wichtig ist es, die Erfahrungen der Kinder zu stärken und weiterzuentwickeln.

Um die geistige Entwicklung eines Kindes zu fördern und spielerisch Möglichkeiten für die Entfaltung eines Kindes aufzuzeigen, sollten die Kinder von einer Erzieherin oder Sonderschullehrerin betreut werden. Kinder mit einer hohen Cele[1] kommen später als altersgleiche Kinder in die Senkrechte (mit Hilfe des Stehapparates bzw. des Stehbrettes). Das heißt, die Kinder machen erst später diese Raumerfahrung und sollten versuchen, diese Erfahrungen auf anderem Wege ausgleichen zu können. Sie ist wichtig für das spätere logische Denken und um verschiedene Handlungsabläufe in entsprechender Reihenfolge nachvollziehen zu können.

Diese Therapie findet verstärkt bis zum 3. Lebensjahr statt. Mit dem Eintritt in den Kindergarten (Regel – oder Sondereinrichtung) verringert sich die Häufigkeit und endet mit dem Schuleintritt ganz.

---

1 Hohe Cele: Lähmungshöhe im Brustbereich (siehe *Lähmungshöhen*, S. 33).

Körper- und Geistigbehindertenschulen bieten diese pädagogische Frühbetreuung, speziell für die jeweilige Behinderung an. Adressen sind über diese Schulen sowie über die interdisziplinäre Frühförderstellen zu erfragen.

Rollstuhlsport
Um den Umgang und das Fahren mit dem Rollstuhl zu lernen, sollten die Kinder Rollstuhlsport betreiben. Dort lernt das Kind zusammen mit anderen betroffenen Kindern spielend seinen Rollstuhl kennen und die verschiedenen Möglichkeiten, beispielsweise das Kippen und über Hindernisse hinwegfahren.

Schon allein die Anpassung eines Rollstuhles ist sehr wichtig, denn nur so erlebt das Kind sein Gefährt auch wirklich als seinen Begleiter. Die Anpassungstips und andere Anregungen erhält man beim Rollstuhlsport, vom Übungsleiter, von anderen betroffenen Eltern, aber auch von Betroffenen selbst. Einst standen wir da: Ein Rollstuhl, ein Kind und jetzt? Fahrradfahren, Rollschuhfahren und Schlittschuhfahren waren mir selbst bekannt, nicht aber Rollstuhlfahren.

Sehr wichtig ist auch die Gymnastik im Rollstuhl, denn stundenlanges Sitzen auf einer Stelle ist nicht gut. Bedenken wir, wie oft nichtbehinderte Kinder auf dem Stuhl »hampeln«.

Bei vielen Spaziergängen mit Lars wurde mir klar, wie uneben und wie zur Straße hin abfallend die Gehwege sein können. Das bereitete ihm am Anfang große Schwierigkeiten. Mußte doch in solchen Fällen mit entsprechender Armseite der Rollstuhl verstärkt angetrieben werden.

Ich erkannte erst mit der Zeit, als ich mich selbst in den Rollstuhl setzte, daß das Fahren und Antreiben des Rollstuhles nicht so einfach ist. Auch für uns Eltern ist deshalb eine Fahrt im Rollstuhl lehrreich und wichtig.

Schwierig ist am Anfang auch abzuklären, welche Hindernisse allein vom Kind bewältigt werden können, und wo Unterstützung notwendig wird, beispielsweise bei Straßenüberquerungen. Dies bedeutet zudem, erniedrigte Bordsteine auf beiden Straßenseiten zu suchen und manchmal ein Stück Fahrt auf der Straße. Eine weitere Erfahrung meinerseits ist, daß viele Personen nur zu bereitwillig das Kind mit dem Rollstuhl schieben. Im Interesse der Selbständigkeit des Kindes sollte man es soviel wie möglich alleine bewältigen lassen und nur dort unterstützend eingreifen, wo dies wirklich notwendig ist. Nur so wird das Kind Selbständigkeit im Umgang mit seinem Rollstuhl erlangen und seinen somit gewonnenen Freiraum nützen können.

Ergotherapie (Arbeits- und Beschäftigungstherapie)
Ergotherapie ist eine Unterstützung der ganzheitlichen, und vor allem der geistigen Entwicklung. Anhand von Spielen, Gestalten mit Bauklötzen, dem Aufbau von Kugelbahnen, Körperübungen und ähnlichem wird die Reizverarbeitung des Kindes sensibilisiert und gefördert. ›Räumliches Denken‹ wird somit ›geschult‹.

Die Ergotherapie soll die Entwicklung der feinmotorischen Fähigkeiten und die Wahrnehmung fördern. Sie soll die Selbständigkeit und die Unabhängigkeit, gegebenenfalls mit Hilfsmitteln, unterstützen. Die Wahrnehmung der Sinnesbereiche werden mit unterschiedlichen Materialien gefördert. Sie soll die Koordination der Bewegungsabläufe und die Wahrnehmung im Alltag ›verbessern‹.

Eine Therapie, die Lars nicht in Anspruch genommen hat, aber durchaus bei Kindern mit Spina bifida und/oder Hydrocephalus Kindern wichtig sein kann, ist die Logopädie.

Die Sprachtherapie soll die Kommunikationsfähigkeit auf unterschiedliche Weise verbessern.

Ein paar allgemeine Gedanken zu Therapien

Fahrzeit
Die Fahrten zu den Therapien, die zusammen mit dem Kind zurückgelegt werden müssen (egal ob mit der Bahn, dem Bus oder dem Auto), nehmen auf Dauer sehr viel Zeit in Anspruch und sind mit den Jahren doch sehr ermüdend. Außerdem kommen noch Fahrten zum Arzt und in das Krankenhaus dazu.

Diese Fahrzeit kann auch sinnvoll genützt werden: mit Gesprächen, Geschichten erzählen, Spiele spielen, wie zum Beispiel das Zählen von vorbeifahrenden roten Autos.

Therapien und Fahrzeiten in den alltäglichen Ablauf mit einzubeziehen, erfordert oft einen enormen Aufwand und kann Streß erzeugen. Um sich ein wenig Freiraum zu verschaffen, kann versucht werden, die Fahrzeiten einzuschränken, nämlich dann, wenn eine Therapie auch zu Hause stattfinden kann.

Bei Therapien mit Hausbesuchen muß dies auf dem Rezept vermerkt werden. Allerdings ist dann die Privatsphäre gestört, da viele ›fremde‹ Menschen ins Haus kommen. Auch kann es für das Kind bedeuten: Wenn es an der Haustüre klingelt, kommt jemand zum behandeln.

Therapiepläne

Die Einbeziehung der Eltern in die Therapiepläne ist ein wichtiger Faktor, denn nur wenn diese auch dahinterstehen, kann die Therapie sinnvoll und erfogreich sein. Dies gilt insbesondere für die Krankengymnastik nach Vojta. Hier sollten die Eltern, meist sind es die Mütter, täglich mit dem Kind arbeiten, um Erfolge und Fortschritte zu erzielen.

Therapiemüdigkeit

Es kommt die Zeit, da die Kinder ›therapiemüde‹ werden. Sie tun ihren Unmut kund: »Warum jetzt?«, »Ich will nicht« ... oder sie machen bei Übungen nicht mehr mit. Hier habe ich bei Lars eine vertretbare Pause, in Abstimmung mit beispielsweise der Krankengymnastin, getroffen. Oder es war möglich, Lars' Schwestern bei einzelnen Stunden mit einzubeziehen.

Heute verkürzt er schon mal eine Krankengymnastikstunde auf eigene Initiative, wenn an diesem Tag beispielsweise ein wichtiger Disco-Besuch ansteht.

2. Ärztliche Versorgung

Aufgrund der vielfältigen Auswirkungen der Behinderung sind viele Arztkonsultationen notwendig, entweder in bestimmten Abständen oder auch aus akuten Anlässen.

Sie bestimmen den weiteren Verlauf eines behinderten Kindes nach der ersten Behandlungszeit im Krankenhaus.

Pädiatrie (Kinderheilkunde)
Beim Kinderarzt werden die regelmässigen Vorsorge-Untersuchungen, sowie die anfallenden Impfungen und die größeren und kleineren Krankheiten behandelt.

Unser Kinderarzt ist eine wichtige Vertrauensperson. Bei ihm laufen die Untersuchungsnotizen der anderen von uns konsultierten Ärzte und Ärztinnen zusammen. Somit finden immer wieder Gespräche über den weiteren Verlauf und weitere Maßnahmen statt. Durch seine Erfahrungen erhalte ich Tips und Ratschläge, um die pflegerischen Aufgaben zu bewältigen.

Eine wichtige Stütze für mich war und ist sein schnelles Reagieren in Notsituationen. Und seine Hausbesuche, damit ich Lars nicht die vielen Stufen zu seiner Praxis tragen muß. Aber auch, um Lars Krankenhausaufenthalte möglichst zu verkürzen, damit er zu Hause weiter gepflegt werden und in seinem Umfeld genesen kann.

Entwicklungsneurologie
In den ersten Lebensjahren ist eine Kontrolle des künstlichen Gehirnwasser- Ableitungssystems durch Elektro-Enzephalographie (EEG) und Computertomographie (CT) des Kopfes wichtig. Hier finden auch Gespräche zur gesamten Entwicklung eines Kindes statt, ebenso Überlegungen zu weiteren Therapiemöglichkeiten.

Orthopädie (Heilkunde des Bewegungsapparates: Knochen, Gelenke, Muskeln)
Durch die Lähmungen einzelner oder mehrerer Gliedmaßen bedarf es stetiger Entwicklungskontrollen, die von einem Orthopäden ausgeführt werden.

Hierzu gehören Kontrollen der Fußstellungen, der Wirbelsäule, des Knochenbaus und sich entwickelnder Versteifungen. Sie dienen alle dazu, eine bessere Körperhaltung zu erzielen.

Mit dem Orthopäden wird besprochen, wann es sinnvoll ist, ein Kind mit Hilfe eines Stehapparates oder auch eines Stehbrettes in die Senkrechte zu bringen, und welche Voraussetzungen, zum Beispiel eine operative Fußstellungskorrektur, hierfür geschaffen werden müssen.

Zu einem späteren Zeitpunkt erfolgt die Rezeptierung und Anpassung eines Stehapparates, mit dessen Hilfe ein Kind sich ›laufend‹ fortbewegen kann.

Mit dem Wachstum eines Kindes sollte bei diesen Apparaten (für hohe Lähmungen nennt man sie ›Oberschenkelstützapparat mit Beckenteil‹) laufend nach der Paßform geschaut werden, zum einen wegen der Gefahr von Druckstellen und zum anderen wegen der Schwierigkeit, sich mit einem zu kleinen Apparat fortzubewegen.

Seit einigen Jahren gibt es verschiedene Gehapparate auf dem Markt. Es sollten gemeinsame Beratungen von Orthopäden, Eltern und Orthopädiemechanikern stattfinden, um das geeignete Modell für das Kind mit seiner jeweiligen Lähmungshöhe zu finden.

Urologie (Lehre von den Krankheiten der Harnorgane)
Die Behinderung hat eine Blasen und Mastdarmlähmung zur Folge.

Die Kinder sind Windelträger und müssen z.T. katheterisiert werden, um die Blase ›vollständig‹ zu entleeren.

Durch die Lähmung der Blase werden Urinkontrollen beim Kinderarzt oder zu Hause mit ›Sticks‹ notwendig. Teilweise bedarf es auch einer Sonographie der Nieren und der Blase beim Arzt oder im Krankenhaus. Die Methode der Blasendruckmessung und die Untersuchung zum Füllungsvermögen dienen nicht nur der Entscheidung, ob ein Kind katheterisiert werden soll, sondern geben auch einen allgemeinen Überblick über den Zustand von Blase und Nieren.

Die Darmlähmung kann dazu führen, daß die Kinder mit Hilfe von Klistiers oder auch manuell entleert werden müssen.

Ophtalmologie (Augenheilkunde)
Eine Kontrolluntersuchung beim Augenarzt ist ebenfalls von Vorteil. Es ist nicht unbedingt gesagt, daß die Augen beeinträchtigt sind. Unter dem Aspekt des Hydrocephalus ist es sinnvoll, die Augen und den Sehnerv betrachten zu lassen.

Der Gehirnwasserkreislauf, der durch das künstliche Ableitungssystem (Shunt) reguliert wird, kann Schwierigkeiten, wie beispielsweise einen Druck auf den Sehnerv, mit sich bringen.

Endokrinologie (Lehre von der inneren Sekretion; Hormone)
Spina bifida Kinder kommen sehr früh in die Pubertät. Um diese und somit auch das Wachstumsende noch ein wenig zu verzögern, sind in manchen Fällen Hormongaben angezeigt. Das Knochenwachstum kann mit Hilfe von Röntgenbildern der Hand festgestellt werden.

Kieferorthopädie
Bei machen Spina bifida Kindern wird früh festgestellt, daß der Kiefer kleiner ist, und nicht alle zweiten Zähne Platz finden. Dies kann bedeuten, daß eine kieferorthopädische Behandlung notwendig wird.

3. Hilfsmittelversorgung

Im folgenden möchte ich einige Hilfsmittel aufführen, die für die weitere Entwicklung eines körperbehinderten Kindes von Bedeutung sind.

Hierbei ist es wichtig, das Alter des Kindes zu berücksichtigen. Es muß darauf geachtet werden, wie weit seine Entwicklung schon fortgeschritten ist, und welches Hilfsmittel unterstützend wirkt oder dringend benötigt wird.

Einige dieser Hilfsmittel sind mit wenigen Handgriffen selbst hergestellt, andere wiederum brauchen eine genaue Anpassung, um zur Entfaltung eines Kindes beitragen zu können.

Rollbrett
Das Rollbrett ermöglicht ein erstes schnelleres Fortbewegen, außer ›krabbeln‹ bzw. sich am Boden entlangziehen. Es wird mit den Händen angeschoben und erfordert Kraft in den Armen sowie Beobachtungsgabe, um nicht überall anzustoßen.

Das Rollbrett ist ein Hilfsmittel, welches selbst hergestellt werden kann:

Einfach ein Brett mit vier Rollen versehen (Möbelrollen). Sinnvoll ist, eine Schaumstoff-Auflage oder ein Kissen aufzulegen, damit das Kind weicher liegt. Dieses Kissen kann eventuell mit Klettverschlüssen befestigt werden, um ein Hinunterfallen zu vermeiden.

Diese Rollbretter gibt es auch im Orthopädiehandel oder bei Sportartikelfirmen unter dem Namen ›Flizzi‹.

Stehapparat
Erster Apparat aus Plastikschalen mit Klettverschlüßen ohne Schuhe als Hilfsmittel, um ›in die Senkrechte zu kommen‹.

Dieser Apparat wird schon recht früh eingesetzt, das heißt mit ca. 1–1 $^1/_2$ Jahren. Mit diesem Alter beginnen auch altersentsprechende Kinder, sich hochzuziehen und die Welt im Stehen zu betrachten.

Häufig ist bei Spina bifida Kindern vorher eine Fußkorrektur-Operation notwendig.

Um nun nicht immer hinter den Kindern stehen zu müssen, damit sie nicht ›umfallen‹, ist es sinnvoll, aus einer Tischplatte (Brett mit Füßen – in entsprechender Höhe für das Kind) einen Kreis auszusägen. So hat das Kind Gelegenheit, am oder besser gesagt mitten im Tisch zu stehen und zu spielen – ein tolles Gefühl!

Steh- und Gehapparat in Verbindung mit einem Rollator, Vier-Punkt-Stöcken oder Unterarmkrücken
Dieser Apparat besteht ebenfalls aus Plastikschalen, Kniekappen und Klettverschlüssen und ist eventuell zusätzlich mit einem Beckenteil und/oder mit einem Mieder ausgestattet.

Mit ihm kann man stehen, sitzen, liegen und ganz wichtig, ›laufen‹. Mit viel, viel Übung, mit weinendem und lachendem Gesicht, mit viel Geduld und Ausdauer erlernen die Kinder diese Fortbewegung. Sie erfolgt entweder mit einem Hüftdurchschwung oder durch eine Verbindung von ›sich Hochstemmen‹ und Hüpfen. Hierzu benötigen sie einen Rollator und – mit der Zeit – eventuell Vier-Punkt-Stöcke oder Unterarmkrücken.

Der Rollator kann vom Kind geschoben werden. Es gibt aber auch Modelle, die hinterhergezogen werden. Es ist eine Art Wagen mit vier oder zwei Rädern.[2]

Natürlich kann an diesen Rollator ein Korb angebracht werden, so daß die Kinder auch ›Dinge‹ transportieren können. Dies ist unter anderem ganz praktisch beim Tischabräumen, denn so kann das Kind seinen Teller selbst in die Küche bringen!

Oder auch Spielzeug in verschiedene Zimmer transportieren.

Rollstuhl

Mit ungefähr drei Jahren bekommen die Kinder einen Rollstuhl rezeptiert.

Hier ist sehr wichtig, daß dieser Rollstuhl dem Kind gut angepaßt wird und daß das Kind in seiner körperlichen Entwicklung soweit ist, sich auf das Erlernen des Rollstuhlfahrens einzulassen.

Mit einem Rollstuhl sind die Kinder um einiges flotter in ihrer Fortbewegung. Er eröffnet ihnen einen weiteren Lebensraum, da sie sich auch draußen freier und in einer erweiterten Sichtweise fortbewegen können.

Schwierig wird dadurch mit der Zeit das Laufen im Gehapparat, denn es dauert eine ganze Weile, bis er ›angezogen‹ ist, und man kommt damit doch langsamer voran.

Eine gute Abwechslung zwischen diesen beiden Hilfsmitteln wäre erstrebenswert.

Roller-Racer

Der Roller-Racer ist ein sehr bodennahes Fahrzeug. Die Kinder sitzen darauf, die Beine werden angeschnallt. Durch abwechselnde Armbewegungen, rechts – links, kommt dieses Fahrzeug in Fahrt.

---

2 Siehe im Fototeil, Abb. 5, S. 17.

Dieses Gefährt ist für Kinder im Alter von 4–6 Jahren geeignet. Es bringt für das Kind eine weitere Fortbewegungsvariante.

Dieses Fahrzeug ist im Spielwarenhandel erhältlich.

Dreirad

Ein handbetriebenes Dreirad – über den Orthopädiefachhandel zu beziehen – gibt den Kindern einen neuen Bewegungsradius, da es nicht seitlich, sondern vor dem Körper angetrieben wird. Es ist ideal, um längere Spaziergänge zu machen, da das Kind in diesem Alter, durch die festen drei Räder mehr Sicherheit empfindet und das Gefährt mit seiner Schiebestange für Eltern einfach zu bewegen ist.

Handbike

Wenn das Dreirad zu klein wird, kann der Rollstuhl mit einem Zusatz, dem Handbike, ausgestattet werden. Es wird direkt an den Rahmen oder aber unter dem Sitzgestänge angebracht. Dieses Handbike ermöglicht ebenfalls die Bewegung vor dem Körper. Es fördert die Arm- und Schultermuskulatur, ist ein gutes Herz-Kreislauftraining und es macht auch Spaß.

Bei Radtouren oder Spaziergängen können die Kinder ein flottes Tempo erzielen. Somit können sie auch mal bei den Ersten sein!

Neoprenbadehose/-anzug

Aus Neopren sind auch die Taucheranzüge hergestellt. Sie verhindern, daß die Kinder zu schnell frieren, aber auch, daß Ausscheidungen in das Wasser gelangen. Unterschiedliche Meinungen bestehen darüber, ob eine Windel darunter zu tragen ist oder nicht. Ein Neoprenanzug kann auch vor den Blicken der Menschen auf einen eventuell vernarbten Körper schützen.

Orthopädische Schuhe

In manchen Fällen ist es notwendig, daß den Kindern Schuhe genau angepaßt werden müssen, da es keine ›Normschuhe‹ für die Füße beziehungsweise für die Fußstellung gibt.

Kleidung
Spezielle Kleidung ist im Baby- und Kleinkindalter nicht erforderlich. Hilfreich sind jedoch Strampelhosen und Hosen mit Druckknöpfen an der Innenseite der Beine. Sie sind in fast allen Kaufhäusern erhältlich. Für Kinder, die im Rollstuhl sitzen, gibt es für diesen Zweck zugeschnittene Kleidung. Zum Beispiel sind Hosen vorne am Bund kürzer geschnitten und hinten am Rücken höher. Beim Sitzen drückt so weniger Stoff in den Bauch und die Nierenregion bleibt geschützter. Speziell für den Rollstuhl zugeschnittene Regencapes schützen auch beim Fahren im Regen.

Es gibt auch Hosen mit Reißverschlüssen rechts und links der Hosenbeine entlang, damit die Hose besser über einen Stehapparat anzuziehen ist und die Schienen sind kaum mehr sichtbar.

Es gibt noch viele Varianten spezieller Kleidung, sowohl für Rollstuhlfahrer und Rollstuhlfahrerinnen, für Fußgänger und Fußgängerinnen verschiedenster Behinderungsarten mit ihren jeweiligen Wünschen und Bedürfnissen.

Im Anhang befindet sich eine Adresse, über die Kataloge mit spezieller Kleidung angefordert werden können.

Außer diesen genannten Hilfsmitteln haben wir für Lars noch weitere ausgewählt. Diese werden von der Krankenkasse nicht übernommen, sind aber mit wenigen Handgriffen selbst herzustellen oder im Handel erhältlich.

Styropor-Würfel
Wir versuchten, mit überzogenen Styropor-Würfeln Lars den Zugang auf das Sofa zu erleichtern, indem wir zwei Würfel in unterschiedlicher Höhe davorstellten. Lars konnte sich daran wie an einer Treppe emporziehen und letztendlich auf dem Sofa sitzen. Diese Würfel sind leicht herzustellen, da nur Styroporplatten in entsprechender Länge und Höhe aufeinandergeklebt und mit einem Wachstuch eingebunden wurden. Die Würfel können auch für viele andere Zwecke eingesetzt werden. So war zum Beispiel einer der Würfel beim ›Topf sitzen‹ ein kleiner Tisch, um während ›der Arbeit‹ spielen zu können.

Waschmitteltonne für Körperdrehungen
Um dem Kind das Rollen des Körpers auf dem Boden zu erleichtern, ist eine Waschmitteltonne sehr hilfreich. Hierbei wird von einer runden Waschmitteltonne Deckel und Boden entfernt. Das Kind kann dort hineinkrabbeln und sich langsam drehen oder gedreht werden. Mit Papier verziert, ist sie ein buntes und hilfreiches Spielzeug.

Großer Kreisel
Der große Kreisel ist eine Plastikschale von ca. einem Meter Umfang. Das Kind setzt sich hinein. Nun kann von außen gedreht werden oder aber das Kind dreht sich mit seiner Kraft selbst. Der Kreisel setzt sich mit Gleichgewichtsverlagerungen in Bewegung.

Somit ist der Kreisel Hilfsmittel bei Gleichgewichts- und Kraftübungen.

Schweißbänder
Das Krabbeln am Boden erzeugt oft wunde Knie. Dies kann verhindert werden, wenn den Kindern Schweißbänder über die Knie gezogen werden.

Wie werden Hilfsmittel beantragt?

1. Beim Arztbesuch wird entweder von seiten des Arztes auf ein notwendiges Hilfsmittel aufmerksam gemacht, oder Eltern äußern ihren Wunsch in Bezug auf ihr Kind und dessen Entwicklung. Für dieses notwendige Hilfsmittel wird ein Rezept ausgestellt.
2. Informationen und Beratungen über Hilfsmittel kann man im Sanitätshaus, bei Selbsthilfegruppen und bei Therapeuten erhalten. Das Rezept über das Hilfsmittel wird im Sanitätshaus eingereicht. Dort wird ein Kostenvoranschlag erstellt und bei der Krankenkasse eingereicht.
3. Die Krankenkasse prüft und entscheidet nach ihrem Hilfsmittelkatalog. Entspricht das Hilfsmittel den Kriterien, wird dem Antrag stattgegeben. Es kann auch zu Einschränkungen kommen, das heißt, eine Zuzahlung zum Hilfsmittel wird erhoben, oder aber die Krankenkasse

lehnt das Hilfsmittel ab. Hierbei besteht die Möglichkeit, Widerspruch einzulegen.

4. Wird das Hilfsmittel genehmigt, kann mit der Anpassung beispielsweise eines Rollstuhles begonnen werden.

4. Integration allgemein

Integration ist ein lateinischer Begriff mit vielen Bedeutungen.

In der Umgangs- und Wissenschaftssprache wird er unterschiedlich verwendet, wobei Integration ursprünglich folgende Bedeutung hat:

»Wiederherstellung oder Einfügung in ein größeres Ganzes«.

In der Pädagogik meint Integration die Einbeziehung von Behinderten in die Regelschule, schulische Integration oder in den Kindergarten, integrative Erziehung.

Soziologisch gesehen ist Integration die »Verbindung einer unterschiedlichen Vielheit von Menschen zu einer gesellschaftlichen (und kulturellen) Einheit«.

Diese Definitionen wollte ich ganz allgemein an diesen Anfang stellen. Für mich betrifft Integration nicht nur den schulischen Bereich, sondern auch alle gesellschaftlichen Bereiche wie Arbeit, Wohnen und Freizeit.

Integration in Regeleinrichtungen: Kindergarten – Schule

Kindergarten

Im Zuge der großen Integrationswelle ist es heutzutage durchaus möglich, Kinder mit dieser Behinderung einen Regelkindergarten besuchen zu lassen. Es sollten intensive Gespräche mit den Erzieherinnen und eventuell der pädagogischen Frühbetreuerin stattfinden. Eine gute Zusammenarbeit ist hier sehr wichtig. Manche Kindergärten benötigen keine baulichen Veränderungen, bei anderen kann oder muß in Erwägung gezogen werden, ob etwa Hilfen wie Rampen o.ä. notwendig sind.

Meist sind die Kinder im Kindergartenalter noch ohne fahrbaren Untersatz; eventuell haben sie ein Rollbrett für die Innenräume, so daß wenige Veränderungen nötig sind. Inwieweit Hilfsmittel – wie beispielsweise der Stehapparat – in den Kindergarten-Tagesablauf miteinbezogen werden können, sollte in einem Gespräch vorab geklärt werden. Sollte bei Ausflügen Unterstützung notwendig sein, wäre es schön, wenn hier Eltern von anderen Kindern teilnehmen könnten.

Unsere Situation in Tübingen war folgende:
[Ein Auszug aus einem von mir verfaßten Artikel für die Festbroschüre 1986–1996 *10jähriger Heilpädagogischer Fachdienst städtischer Kindereinrichtungen in Tübingen*]

Mit anderthalb Jahren darf Lars ein städtisches Tagheim besuchen. Hier kann er von morgens 7.30 Uhr bis nachmittags um 16.30 Uhr sein. Es ist eine Gruppe mit acht Kindern im Alter von eineinhalb bis drei Jahren. Sie spielen, essen und schlafen gemeinsam. Da sehr viele der Kinder in diesem Alter eine Windel tragen, war dies kein Problem (kann aber während der Kindergartenzeiten und Schulzeiten zum Problem gemacht werden). Lars fühlte sich dort sehr wohl, hatte er doch mit seinem Charme die Erzieherinnen auf seiner Seite.

Mit dreieinhalb Jahren kam Lars in den Kindergarten in unserem Wohngebiet. Zu dieser Zeit hatte Lars noch keinen Rollstuhl. Er fuhr mit seinem Rollbrett durch die Kindergartenräume und stand mit seinem Stehapparat am Tisch. Lars lernte sehr viel von den anderen Kindern, aber auch durch die Förderung der Erzieherinnen und der Heilpädagogin. Verschiedene Überlegungen zu einzelnen Aktivitäten wurden gemeinsam besprochen und realisiert. So konnte Lars einmal wöchentlich mit zum Schwimmen gehen, heute ist er ein prima Schwimmer und eine Wasserratte mit der Schulnote ›sehr gut‹. Beim wöchentlichen Turnen in der Turnhalle war Lars ›mitten drin‹, bei den einzelnen Übungen wurde Lars' Können mit einbezogen, gleichfalls wurde er gefordert. Die anderen Kinder lernten, mit ›Flizzis‹ (Rollbrettern) zu fahren, ein gegenseitiges Lernen und Akzeptieren konnte somit stattfinden. Im gesamten

Außenbereich des Kindergartens, sei es im Garten oder bei Ausflügen und Spaziergängen, wurde Lars mit einbezogen, kein Weg war zu steil oder zu holprig. Gemeinsam war alles zu bewältigen. Schön war auch die Zusammenarbeit der Mitarbeiter des Kindergartens mit den Therapeuten, die Lars außerhalb förderten. Es fanden Gespräche mit den Erzieherinnen, der Heilpädagogin und Krankengymnastin, Sonderschullehrerin (pädagogische Frühbetreuung einer Körperbehindertenförderung), Ergotherapeutin und uns Eltern statt. Der Austausch zur gemeinsamen Förderung von Lars kam im Plenum und in Kleingruppen zustande.

Schwieriger ist die Integration in eine *Regelschule*. Noch schwerer, wenn ein Kind im Rollstuhl sitzt. Bei der Schulwahl ist es wichtig, daß Eltern vorher überlegen, in welche Schule ihr Kind kommen soll. Einerseits gibt es die Körperbehindertenschulen (staatliche/private) und andererseits das staatliche Regelschulsystem, aber auch Waldorfschulen und andere private Schulen.

Der Kontakt zur staatlichen Schule (Regelschule) sollte frühzeitig aufgenommen werden. Viele Kooperationslehrer der Grundschulen arbeiten inzwischen mit den Erzieherinnen der Kindergärten zusammen, um die angehenden Schulkinder kennenzulernen. Sinnvoll ist ein Gespräch mit allen ›Beteiligten‹, wie Erzieherinnen, Lehrerinnen, Rektor, Eltern und Frühförderinnen.[3]

Fragen sollten geklärt werden, wie beispielsweise:
- Welche Lehrerin oder welcher Lehrer ist bereit, ein körperbehindertes Kind aufzunehmen?
  (Persönlich finde ich schade, daß solch eine Frage überhaupt gestellt werden muß!)
  Wieviele Erfahrungen können hier gemacht werden!
- Wie weit ist der Schulweg? Kann das Kind den Weg im Rollstuhl bewältigen oder muß es gefahren werden?
- Welcher Schulranzen kann hinten an den Rollstuhl gehängt werden oder muß jemand den Schulranzen tragen?

3 Ich wählte die weibliche Form, weil überwiegend Frauen in diesen Berufen arbeiten.

- Kann das Kind am Schwimm- und Turnunterricht teilnehmen? Gerade diese Fächer sind für die Zusammengehörigkeit einer Klasse sehr wichtig. Hier gibt es Spaß und Spiel!
- Wie weit sind Eltern bereit und haben genügend Zeit, mit dem Kind ›zu lernen‹ und es zu unterstützen? Wie weit können sie schulische und außerschulische Fragen und Probleme lösen und tragen und zur Organisation dieser Bereiche beitragen? Beispielsweise die Koordination von ›Hausaufgaben‹, ›freie Zeit für das Kind‹, ›Therapien‹ und den ›Alltag‹

Nun möchte ich stichpunktartig die Vor- und Nachteile von Regel- und Sonderschule darstellen:

Regelschule

Vorteile
- Einschulung mit den Kindergartenfreunden und -freundinnen
- Freundschaften können somit erhalten bleiben
- liegt im Wohngebiet
- Selbstbestimmteres Leben für Kind und Eltern
- Nichtbehinderte Kinder lernen Behinderung kennen, lernen mit behinderten Kindern umzugehen, sie zu akzeptieren (großer Vorteil für unsere Gesellschaft)
- Die Kinder bleiben in der Familie, nehmen am alltäglichen Familiengeschehen teil
- Die Eltern haben einen besseren Einblick in die Schulsituation der Kinder
- Freizeitveranstaltungen sind besser planbar
- Intensiver Kontakt zur Schule möglich (kürzere Fahrzeit, eventuell zu Fuß zu erreichen)

Nachteile
- Leistungsorientiertes Denken
- Schwierigkeiten bei der Koordination mit Therapieterminen am Nachmittag
- Organisation von Zivildienstleistenden zur Unterstützung der Schule
- Mithilfe der Eltern beim Koordinieren des Fahrdienstes, bei Ausflügen, bei Aktivitäten

Die genannten Punkte erfordern einen großen Kraft- und Energieaufwand der Eltern, vorwiegend der Mütter!

Sonderschule
Vorteile
- Ganztagsschule
- Therapien und Schule unter einem Dach
- Das Kind lernt viele verschiedene Kinder mit anderen Behinderungen und deren Problematik kennen
- Pflegeentlastung für die Eltern
- Kleine Unterrichtsklassen
- Die Kinder sind dort willkommen

Nachteile
- Fahrstrecken, die sich ergeben: Manchmal sind die Kinder eine Stunde unterwegs (einfache Fahrzeit)
- Wartezeiten, bis weitere mitfahrende Kinder von ihrer Wohnung in den Bus gebracht werden
- Probleme, die sich während der Busfahrt und in der Schulklasse ergeben: mit den Zivildienstleistenden, den Kindern verschiedener Behinderung und unterschiedlichen Alters.
- Das Kind wird aus der gewohnten Umgebung gerissen
- Kein Einblick in schulische Situation, viele Telefonate mit Lehrerinnen und Therapeutinnen
- kein Einblick in die Essenssituation: bekommt das Kind kalorienreduzierte Kost, wenn erforderlich?
- Großer Verwaltungsapparat, viele Ansprechpartner (Fahrdienst, Küche, Schule)
- Das Kind verliert leicht den Anschluß an Kinder im Wohngebiet (je nach Lage und Möglichkeiten)
- Das Kind wird zu Therapien aus dem Unterricht genommen (jede Woche zur selben Zeit)
- Sonderschullehrerinnen und -lehrer kennen oft die einzelnen Behinderungen und ihre einzelnen Schwierigkeiten nicht
- Die Pflege wird von Zivildienstleistenden übernommen, hier findet ein häufiger Wechsel statt
- Schule kann wie Krankenhaus aussehen
- ›Unnatürlich‹ viele behinderte Kinder an einem Ort (zentralisiert)

- Arbeitsgemeinschaften finden nur dann statt, wenn sich jemand findet, sie durchzuführen, beispielsweise Rollstuhlsport

Integration im Freizeitbereich

Auf Spielplätzen besteht eher die Möglichkeit, daß die Kinder mit anderen nichtbehinderten Kindern spielen oder ihnen beim Spiel zuschauen können. Die Kinder kennen sich untereinander mit der Zeit, da sie meist im selben Wohngebiet wohnen. Schwieriger ist es, wenn kein öffentlicher Spielplatz in der Nähe ist.

Bei verschiedenen Institutionen, die Freizeitaktivitäten anbieten und ausschreiben, ist es schwieriger, das Kind ganz normal anzumelden. So bleibt meist nur die Möglichkeit die Angebote, die von Selbsthilfegruppen initiiert werden, anzunehmen. Hier sind die Kinder dann wieder eher unter sich. In unserer Stadt bestehen noch verschiedene Freizeitangebote der Lebenshilfe.

Hier möchte ich gerne zwei Beispiele nennen, die sechs Jahre auseinander liegen:

1. Als Lars fünf Jahre alt war, bot die Musikschule in Tübingen für dieses Alter rhythmisch-musikalische Früherziehung an. Ich meldete ihn an mit dem Zusatz, er sei ein Kind im Rollstuhl. Wir wurden zu einem Gespräch eingeladen. Die Lehrerin meinte, wenn wir noch weitere drei Kinder finden könnten, würde sie eine separate Gruppe beginnen. Im Kindergarten fragte ich nach, und drei Kinder waren bereit mitzumachen. Ich nahm die Verhandlungen mit der Lehrerin wieder auf. Sie meinte daraufhin: Für Lars wäre eine Musiktherapie angebrachter, hierfür könnte ich nach Reutlingen gehen, denn dort bestünde ein solches Angebot. Wieder sollte ich fahren. Wieder Therapie. Bedeutet Behinderung denn automatisch, nur noch mit Therapiemaßnahmen leben zu müssen? Und warum soll es nicht möglich sein mit Kindern aus dem Umfeld, die auch ein Stück Sicherheit vermitteln, gemeinsam Freizeitangebote wahrzunehmen?

So entschloß ich mich, mit diesen vier Kindern selber rhythmisch-musikalische Früherziehung zu beginnen. Schön war, daß zu dieser Zeit in einer Wohnung unseres Wohnhauses ein Zimmer frei war, und wir dieses benutzen konnten. Die Stunden haben den Kindern viel Freude gemacht und ich wurde anschließend gebeten, diese Kurse weiter zu veranstalten.

2. Im Dezember 1996 fand eine Weihnachtsfeier des Musikvereins in Derendingen statt. Bei dieser Feier flöteten Lars Schwestern die gelernten Lieder vor. Auch die Jungbläser und -trommler führten ihr Können vor. Lars fragte mich ganz spontan, ob er denn auch Trompete lernen könne. Wir gingen gemeinsam zum Jugendleiter und erkundigten uns. Es traten die Fragen auf, ob Lars im Sitzen spielen könnte, und wie die vielen Treppenstufen zum Probenraum zu bewältigen seien. Nach kurzer Zeit war klar: Nach den Winterferien beginnt Lars mit dem Trompetenunterricht. Solange ich dies hier schreibe, tönt die Trompete, gespielt von Lars, zu mir herüber.

Wichtig ist, so denke ich heute, einfach auf die Menschen in den Vereinen zuzugehen und mit ihnen zu reden, um auszuloten, was machbar ist.

5. Ämter und Institutionen

Das Krankenhaus
Das Universitätsklinikum in Tübingen ist ein riesiger Komplex mit vielen eigenständigen Stationen und Ambulanzen. Wenn ein Kind auf einer Station in der Kinderklinik liegt, wird es mit vielen Ärzten, Assistenzärzten, Studenten, Kinderkrankenschwestern und Therapeuten konfrontiert. Ein bestimmter Tages- und Nachtablauf ist einzuhalten. Für Eltern, die sich um ihre Kinder sorgen und sie mitbetreuen, bedarf es einer Umstellung, einer Anpassung an diesen Rhythmus. Von den Krankenschwestern lernte ich viel über die Pflege und Behandlung eines Säuglings. Bestimmte Erlebnisse sind mir noch sehr gut in Erinnerung. Eines

davon ist, das Kind nie alleine auf dem Wickeltisch liegen zu lassen! Heutzutage gibt es kaum Schwierigkeiten, wenn die Mütter mit übernachten möchten (bei zu stillenden Kindern ist dies ganz klar). In Tübingen ist eine Übernachtung im Geschwisterhaus – in der Nähe des Klinikums – oder aber im Mildred Scheel-Haus möglich. Zunehmend finden sich inzwischen auch private Übernachtungsmöglichkeiten. So kann man häufig bei seinem Kind sein und es auf seinem Weg begleiten. Behandlungen und Untersuchungen können miterlebt werden, und man kann dem Kind beistehen, es trösten und in den Arm nehmen. Manchmal bedeutet dies für einen selber, Barrieren zu überwinden, wie beispielsweise einen am Elektroenzephalographie-Gerät (EEG) angeschlossenen Säugling zu stillen. Eigene Ängste und Sorgen unter Kontrolle zu haben und gleichzeitig seinem Kind Unterstützung zu geben, bedeutet eine große Anstrengung. Ich war damals froh, so viel liebe Unterstützung von den Schwestern zu bekommen. Denn so viele Faktoren kommen hier zusammen: das ›erste‹ Kind, selbst noch nie im Krankenhaus gelegen zu haben, Ängste, Unsicherheiten. Sie können einen hilflos werden lassen. Und jeden Tag wieder die Frage: Was wird heute auf mich zukommen?!

Ja, manchmal steht man den Schwestern und Ärzten auch im Wege. Hier hilft nur Kommunikation.

Gespräche zwischen Eltern und Ärzten sind sehr wichtig, oft ist aber leider kein Arzt zu einem Gespräch zur Verfügung. So heißt es warten und vielleicht immer wieder nachfragen. Im Krankenhaus zu sein bedeutet immer, Zeit und Geduld mitzubringen.

Vor geplanten Operationen finden lange Gespräche mit den Ärzten statt, die aufklären sollen über Vorbereitung einer Operation (Blutuntersuchungen, Computertomographie etc.), Narkose und die Folgen, die auftreten können. Diese Aufklärung kann abschrecken und beängstigen, ist aber unbedingt notwendig.

Gerne bin ich bei Untersuchungsterminen dabei, denn mit der Zeit kenne ich mein Kind ganz gut und weiß, wie es auf was reagiert. Ein Beispiel möchte ich hier nennen: Lars sollte zur Computertomographie, um Schichtaufnahmen seines Kopfes machen zu lassen. Die Schwester wollte ihm ein Beruhigungszäpfchen geben. Nun verarbeitet Lars Darm aufgrund der Lähmung Zäpfchen sehr, sehr langsam. Ich riet ihr, Lars doch lieber Tropfen zu geben. Leider blieb sie stur. So konnte die Untersuchung erst lange Zeit später durchgeführt werden, da Lars einfach nicht ruhig sein wollte.

Dieses Wissen über unsere Kinder und ihre Reaktionen sollte berücksichtigt werden, denn nicht jede Schwester – und auch nicht jeder Arzt – weiß soviel über Spina bifida und vor allem über unser Kind. Auch ist nicht allen Ärzten, zu denen man auch ambulant zu Untersuchungen gehen muß, bewußt, ab wo ein Kind gelähmt ist. Dies kann bei der Vielzahl der verschiedenen Lähmungshöhen bei Spina bifida Kindern nicht möglich sein. So wird zu Lars oft gesagt: »Vorsicht, jetzt wird es kalt«, wenn die Gelmasse zur Sonographie auf dem Bauch aufgetragen wird. Lars hat hier aber kein Gespür.

Die Krankenhauszeit eines Kindes bedeutet für die Geschwister immer eine Trennungszeit. Der Tagesrhythmus ist für alle verändert und oft ist die Situation allgemein angespannt. Nun soll eine Mutter sich selbst, das behinderte Kind und die Geschwister ›unter einen Hut‹ bringen. Welch eine Aufgabe!

Die Krankenkasse

Da das Gesundheitswesen seit ein paar Jahren im Umbruch ist und immer wieder neue Regelungen kommen, möchte ich diesen Punkt nur anschneiden. Inzwischen sind wir bei der dritten Stufe der Gesundheitsreform angekommen, die weitere Einschnitte im Gesundheitswesen brachte. Der Medizinische Dienst und die Pflegeversicherung sind Bereiche, die zusätzlich in das Gesundheitswesen aufgenommen wurden.

So manches Hilfsmittel, welches vom Arzt für notwendig erachtet und rezeptiert wurde, wird heute abgelehnt. Hier besteht die Möglichkeit, Widerspruch einzulegen, wenn man selbst dieses Hilfsmittel im Hinblick auf die Entwicklung des Kindes für sehr wichtig hält. Oft ist nicht ganz klar, ob ein Hilfsmittel auch im Hilfsmittelkatalog der Krankenkasse als solches vermerkt ist. Hier kann nun bei einem Widerspruch die Lage sich so verändern, daß eine Entscheidung über das Sozialgericht, Landessozialgericht oder sogar über das Bundessozialgericht gefordert wird. Lars berichtet im Kapitel ›Lars, mein Sohn, unser Bruder‹ von einer Gerichtsverhandlung, bei der es um ein Handbike, dem Zusatzgerät für den Rollstuhl geht. Dieses Gerät wurde Ende 1994 rezeptiert, und es ist bis heute noch nicht entschieden, ob er dieses ›Hilfsmittel‹ von der Krankenkasse finanziert bekommt. Ich bin bereit, einen Kostenbeitrag für das Handbike zu leisten, denn auch für Lars Schwestern erbringe ich die Kosten für ihre Fahrzeuge. Andere Kinder bei der gleichen Krankenkasse bekamen dieses Hilfsmittel allerdings schon gewährt. Dies liegt unter anderem an den Entscheidungen der einzelnen Sachbearbeiter. Uns wurde mitgeteilt, daß dieses Handbike seit 1.1.1997 nicht mehr finanziert wird.

Unser ›Fall‹ liegt jedoch vor dieser Zeit und soll nun vor dem Bundessozialgericht in Kassel entschieden werden.

Der Medizinische Dienst

Dies ist eine Einrichtung, in der Ärzte und weiteres Fachpersonal arbeiten, und die unabhängig von den Krankenkassen entscheiden sollen. Die Krankenkassen haben die Möglichkeit, beispielsweise Hilfsmittelverordnungen über den Medizinischen Dienst zur Entscheidung zu bringen. Dabei geht es unter anderem darum, ob ein Hilfsmittel notwendig ist, oder ob die bisherige Hilfsmittelversorgung ausreicht. Einen Schwerpunkt hat der Medizinische Dienst im Bereich der Pflegeversicherung. Er erfaßt bei einem Besuch über einen Fragenkatalog die Situation eines zu Pflegenden in der Familie. Daraus entsteht die entsprechende Eingruppierung in eine Pflegestufe. Hier ist ganz wichtig, daß darauf geachtet wird, was ein gesundes Kind im selben Alter alles kann und was das behinderte Kind nicht kann. Es geht hierbei um die Grundpflegezeit und um die hauswirtschaftliche Versorgung, nicht aber um die Behandlung beispielsweise offener Druckstellen. Hinweise und Tips zur Eingruppierung der zu pflegenden Spina bifida Kinder gibt es beim ASbH Bundesverband.

Die Pflegeversicherung
Die gesetzliche Grundlage der Pflegeversicherung und der Pflegebedarf ist im SGB XI verankert. Von der Pflegeversicherung wird Pflegegeld in drei Stufen gewährt: *Stufe eins* bedeutet eine erhebliche Pflegebedürftigkeit, *Stufe zwei* die Schwerpflegebedürfigkeit und *Stufe drei* die Schwerstpflegebedürftigkeit. Die Eingruppierung bei Kindern beginnt ab dem ersten Lebensjahr, zuvor nur mit besonderer Begründung. Da die Pflegeversicherung insgesamt ein großes Kapitel ist, möchte ich an dieser Stelle auf den Ratgeber *›Behindertes Kind‹* (siehe Weitere Literatur, S. 126) hinweisen.

Das Versorgungsamt/Sozialamt
Über das Sozialamt oder direkt bei dem zuständigen Versorgungsamt kann ein Schwerbehinderten-Ausweis beantragt werden. Dieser Schwerbehindertenausweis wird je nach Grad der Behinderung ausgestellt. Um den Grad der Behinderung festzustellen, werden zusätzlich Arztbriefe notwendig, die von der betreffenden Stelle eingefordert werden können. Dieser Schwerbehindertenausweis kann zu verschiedenen Vergünstigungen beziehungsweise Nachteilsausgleichen,– wie Steuervergünstigung, Parken auf Behindertenparkplätzen und so weiter führen. Hier kommt es auf die verschiedenen Merkmale an, die der Ausweis aufzeigt. Beispielsweise: H für hilflos, aG für außergewöhnlich gehbehindert, etc.

Auch hier kann der Ratgeber *›Behindertes Kind‹* weitere Informationen geben.

Stadtverwaltung
Beim Amt für öffentliche Ordnung kann ein Parkausweis für die ausgeschilderten Behindertenparkplätze ausgestellt werden, wenn im Schwerbehindertenausweis das Merkzeichen aG aufgeführt ist. Dieser Ausweis ist befristet und muß immer wieder neu beantragt werden.

Sozialamt/Kreissozialamt/Landeswohlfahrtsverband
Nach dem Bundessozialhilfegesetz (BSHG) können Hilfen gewährt werden, beispielsweise Hilfe zum Lebensunterhalt oder Hilfe in besonderen Lebenslagen. Diese jedoch nur im Rahmen der einkommens- und vermögensmäßigen Voraussetzungen des BSHG.

Im BSHG ist unter anderem die Eingliederungshilfe für Behinderte verankert. Die Eingliederungshilfe wird gewährt bei Personen, die nicht nur vorübergehend körperlich, geistig oder seelisch wesentlich behindert sind und bei Personen, die von einer Behinderung bedroht sind.

Da die Eingliederungshilfe eine Vielzahl von Maßnahmen beinhaltet, sollte man die Leistungen, die von anderen Leistungsträgern, wie beispielsweise der Krankenkasse, abgelehnt wurden, im Zuge der Eingliederungshilfe beim zuständigen Sozialamt geltend machen.

Hier möchte ich wieder auf den Ratgeber ›*Behindertes Kind*‹ hinweisen.

6. Bauliche Maßnahmen/Veränderungen

Es gibt verschiedene Richtlinien für behindertengerechtes oder ›barrierefreies Bauen‹.

Sinnvoll ist es, ebenerdig zu wohnen und eventuell Eingangsstufen mit einer Hebebühne zu überbrücken. Es existieren natürlich verschiedene Treppenliftsysteme, um in obere Räume zu gelangen. Für die Selbständigkeit eines Kindes ist es wichtig, einen Ein- bzw. Ausgang zu wählen, welchen das Kind im Laufe der Zeit alleine bewältigen kann. Dies entlastet außerdem die Eltern. Ein Badezimmer mit direktem Zugang zur Dusche (ohne Wanne), oder eine Badewanne mit einem Lifter fördert ebenfalls die Selbständigkeit des Kindes.

Ein höhenverstellbares Waschbecken ist für alle hilfreich. Für die rollstuhlfahrenden Kinder kann es so verstellt werden wie sie es in der Höhe brauchen, ebenso natürlich für kleine Kinder allgemein, denn dann fällt das ›Schemel – hinstellen‹ weg. Wenn dieses Waschbecken nachträglich installiert wird müssen die Wasserleitungen geändert werden.

Auch verschiedene Haltegriffe erleichtern den Weg in die ›Unabhängigkeit‹.

Ein wichtiger Punkt ist auch die Breite der Türrahmen in einer Wohnung. So gibt es in Altbauten oft zu enge Türrahmen, durch die ein Rollstuhlfahrer nicht durch fahren kann.

Unebene Zimmerübergänge können durch ein einfaches, angeflachtes Brett für das Rollbrett oder den Rollstuhl zugänglicher gemacht werden.

Es ist hilfreich, eine Rehabilitations-Messe zu besuchen oder Fachkataloge zu sichten, um Anregungen und Informationen zu bekommen, die dann für die eigene Situation umgesetzt werden können. Nicht immer kann eine Vorausplanung gemacht werden, da nicht bekannt ist, wie und was das Kind alles noch alleine bewältigen kann und wird.

Für mich heißt das bis heute: improvisieren, solange es geht. So gibt es bei uns noch keinen Haltegriff im Bad. Erst dann, wenn er unbedingt erforderlich wird.

Lars soll sich auch in einem Umfeld, zum Beispiel im Urlaub, zurechtfinden können, wo nicht alles vorgeplant und vorgefertigt ist.

Die Zimmereinrichtung

Die Gestaltung eines Zimmers sollte auf die Bedürfnisse und das Alter eines Kindes zugeschnitten sein. Die Einrichtung des Zimmers sollte dazu beitragen, die Selbständigkeit des Kindes zu fördern. Solange sich das Kind vorwiegend mit dem Rollbrett bewegt, ist es notwendig, viel Platz und Bewegungsfreiheit im Zimmer zu haben.

Beim ersten Stehapparat ist es sinnvoll, einen Tisch mit ausgesägtem Mittelloch zu haben. Es ermöglicht das ›selbständige Stehen‹, ohne ›umzufallen‹. Dabei sollte aber noch genügend Platz für Spielsachen auf der Tischplatte vorhanden sein.

Mit der ›Rollstuhlzeit‹ kommen die Überlegungen, ob das Bett etwa die gleiche Höhe wie der Rollstuhl haben sollte, damit ein selbstständiges und alleiniges Umsitzen möglich wird/ist.

Der Schreibtisch sollte gut unterfahrbar sein, Schubfächer stellen dabei häufig eine Einschränkung dar. Abhilfe bieten hier Rollbehälter.

Um Kleider selbständig aus dem Schrank holen und selbst entscheiden zu können, was man anziehen möchte, sind Kleiderschränke mit Schiebetüren ideal.

Lars schimpft öfter, wenn im Wohnbereich viele Dinge herumliegen und er zum Teil gezwungen ist darüberzufahren. So manches Spielzeug und mancher Schuh, Dinge, die von seinen Schwestern im Wege liegen gelassen wurden, sind schon überrollt oder von Lars in eine andere Ecke gebracht worden.

Die Gestaltung des Wohnbereiches hängt natürlich stark von der Wohnsituation und den finanziellen Mitteln ab: Manches Sinnvolle kann nicht überall umgesetzt werden. Eine Planung, die eine möglichst große Selbständigkeit des Kindes ermöglicht, sollte auf jeden Fall in Erwägung gezogen werden.

7. Körperliche Entwicklung

Die körperliche Entwicklung findet entsprechend ihrer Möglichkeit im Rahmen der Behinderung statt. Die gelähmten Körperteile können sich nicht in gleichem Maße wie die gut durchbluteten bei gesunden Menschen entwickeln. Der Stehapparat unterstützt hierbei die Körperfunktionen und das Knochenwachstum durch Belastung und die vertikale Stellung.

Durch die häufigen Operationen, die Körperbehinderte z.T. in den ersten Jahren, oft schon kurz nach der Geburt erleben, wird der Körper zu etwas Besonderem für das Kind und die Eltern. Die Zuwendung der Eltern kann nicht in einer heimeligen Atmosphäre stattfinden, da oft lange Krankenhausaufenthalte in tristen Mehrbettzimmern notwendig sind. Auch berühren die Hände vieler Personen (Ärzte, Therapeuten etc.) den Körper des Kindes, so daß es eine andere Körperwahrnehmung erfährt. Häufig ist dem Kind beispielsweise durch Diagnose und entsprechende Therapie die Selbstbestimmung über den eigenen Körper entzogen. Zur Verdeutlichung möchte ich den Personenkreis anhand eines

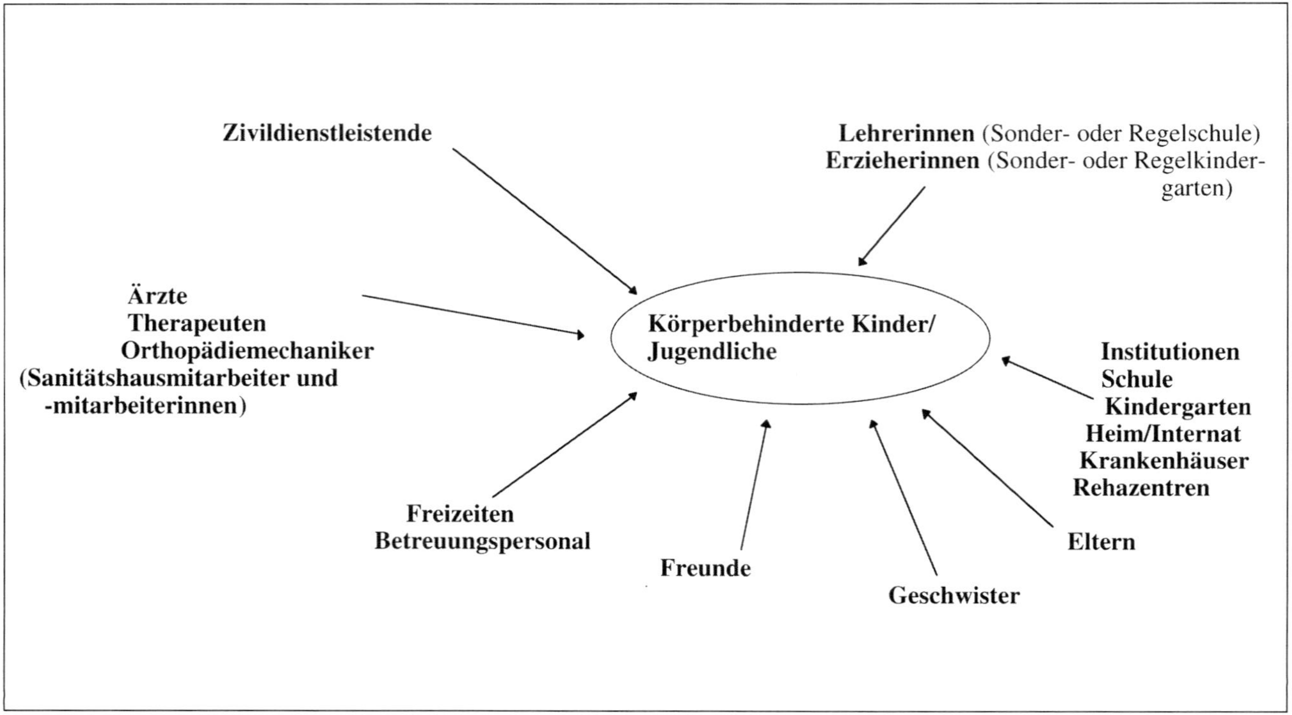

Die Vielzahl der Personen und Institutionen, mit denen behinderte Menschen in Kontakt kommen

Schaubildes aufzeigen, der in der Entwicklung des Kindes – auch im Hinblick auf die Pubertät – eine entscheidende Rolle spielt.

Bei vielen Spina bifida Kindern beginnt die körperliche Reife früher als bei nichtbehinderten Kindern.

Gelähmte Körperteile sind für den Säugling und das Kleinkind nicht spürbar. Hier erscheint es mir wichtig, diese Körperteile dem Kind bewußt zu machen, denn sie gehören auch zu seinem Körper. So machte ich Lars immer wieder darauf aufmerksam, wenn er krabbelte, auf seine Beine und Füße zu achten.

Das Bewußtmachen der Körperteile kann auf unterschiedliche Weise geschehen: Mit einem Pinsel (Haar- oder Borstenpinsel) oder einem Tuch kann die Arme und die Beine entlang gestreichelt werden. Natürlich können dabei auch die anderen Körperteile mit einbezogen werden. Zu einem späteren Zeitpunkt kann das Kind ebenfalls versuchen, sich selbst Hände und Beine zu ertasten oder zu streicheln. Auch die Möglichkeit, die eigenen Beine mit den Händen zu bewegen, sollte genützt werden.

Ich habe versucht, Lars Hand- und Fingersensibilität mit einem selbsthergestellten Bilderbuch zu wecken. Dieses Buch aus Holz enthielt verschiedene Tastobjekte wie Schmirgelpapier, Fell, Leder usw. Eine weitere Idee könnte ein Tastsäckchen sein, in das das Kind hineingreifen und so Gegenstände befühlen kann.

Ernährung

Eine gesunde und ausgewogene Ernährung ist – wie bei allen Menschen – sehr wichtig. Ein Kind, welches vorwiegend im Rollstuhl sitzt, verbraucht weniger Kalorien. Ein Gespräch mit einer Diätassistentin kann hier sehr hilfreich sein. Hat ein Kind wie Lars eine Mastdarmlähmung, ist es wichtig, eine ballaststoffreiche Nahrung anzubieten. Aufgrund der Anfälligkeiten für Harnwegsinfektionen sollten die Kinder genügend Flüssigkeit (Tee, Sprudel) zu sich nehmen.

Sexualität

Die Sexualität behinderter Menschen wird bis in die heutige Zeit tabuisiert. Oft werden Behinderte als geschlechtsneutra-

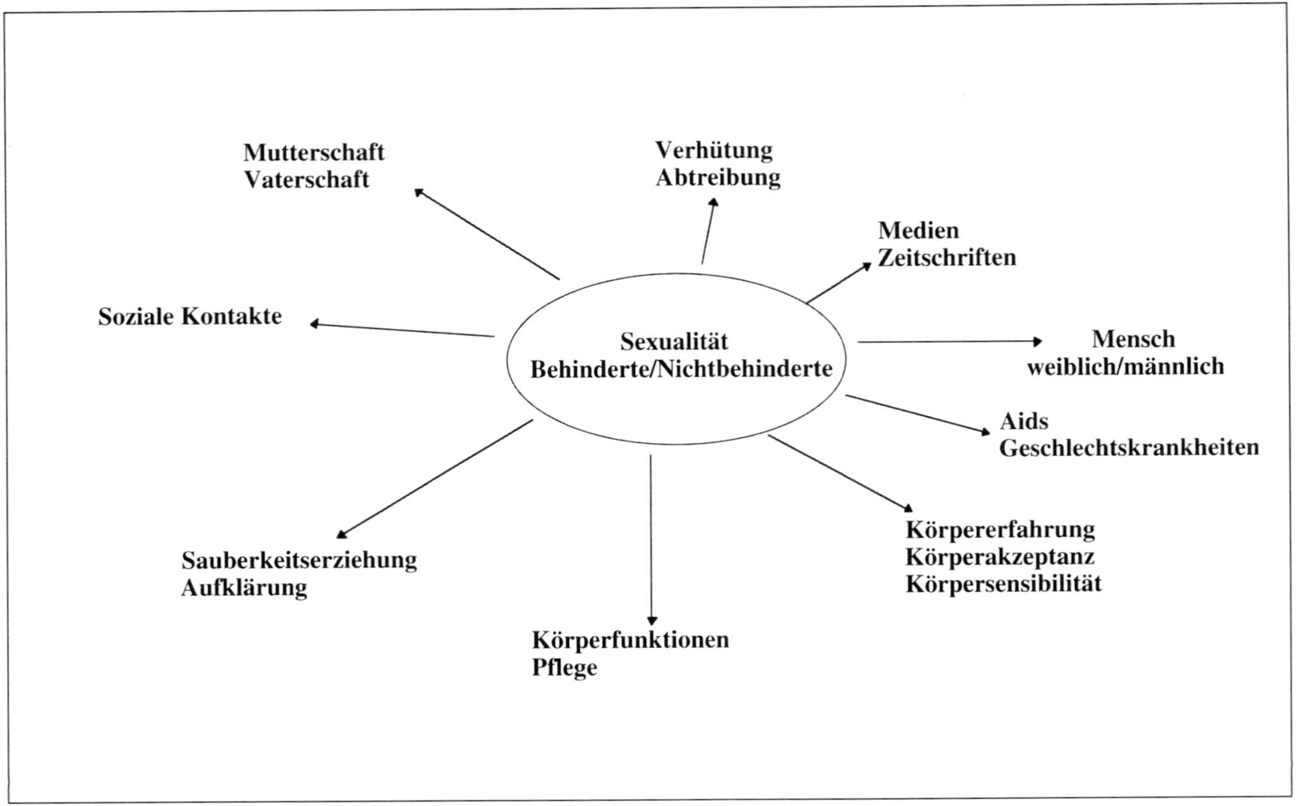

Themenbereiche behinderter und nichtbehinderter Personen

le Menschen gesehen, und von daher werden ihnen jegliche sexuellen Bedürfnisse abgesprochen. Aufgrund meiner Erfahrung kann ich dies überhaupt nicht verstehen. Lars ist in seiner Entwicklung altersentsprechend. Das zeigen seine Fragen in Bezug auf Körperlichkeit und Sexualität. So steht bei ihm die Zeitschrift ›Bravo‹ derzeit hoch im Kurs.

Bei diesem Thema hängt viel von der Erziehung, von den Einstellungen und Vorstellungen der Eltern, des Betreuungspersonals, der Kontaktpersonen und eben von der Gesellschaft ab.

Ein wichtiger Schritt für die Kinder und Jugendlichen ist die Loslösung vom Elternhaus und damit auch für Eltern das Loslassen der Kinder. Ein schwerer Schritt vor allem für Mütter, findet doch von Geburt an unter anderem eine intensivere Pflege als bei nichtbehinderten Kindern statt.

Diese Pflege führt durch das Jugendalter, wenn die Kinder sich körperlich entwickeln, und bekommt dadurch einen anderen Stellenwert, als wenn ein Säugling gewickelt wird.

Hier treten die Spannungen in der Pubertät auf: einerseits der verbale Loslösungsprozeß des Jugendlichen und andererseits die Mithilfe, die bei der Pflege vom Vater oder von der Mutter benötigt wird.

Inkontinenz

Die Kinder haben eine Blasen- und Mastdarmlähmung. Die Auswirkungen sind unterschiedlich.

Blasenlähmung: Eine Durchlaufblase hat zur Folge, daß der Urin ständig, oft tröpfelnd, abfließt. Die Kinder müssen deshalb immer mit Windeln versorgt werden. Wenn viele Harnwegsinfekte auftreten, raten die Ärzte in den meisten Fällen zum Katheterisieren. Bei manchen Lähmungsformen muß der Blasenschließmuskel medikamentös behandelt werden. In einigen Fällen ist auch ein künstlicher Blasenausgang beziehungsweise eine operative Verlegung des Ausgangs notwendig.

Mastdarmlähmung: Die Entleerung des Darmes kann mit Hilfe von Klistieren oder manuell geschehen.

Wenn die Schließmuskelfunktion beeinträchtigt ist, kommt es häufig zu Kotresten in der Windel. Hier kann ein operativer Eingriff hilfreich sein.

Die Inkontinenz hat auf die Körperlichkeit und das Körperbewußtsein verschiedene Auswirkungen. Die Sauberkeitserziehung kann nicht in dem Maße stattfinden wie bei nichtbehinderten Kindern. Wie kann zum Beispiel einem Spina bifida Kind nahegebracht werden, daß seine Ausscheidungen eine ganz natürliche Sache sind? Für mich war ganz selbverständlich, daß Lars wie nichtbehinderte Kinder auf den ›Topf‹ sitzen sollte. Ich versuchte, ihn beim Windeln mit einzubeziehen. Heute kann er, wenn er will, seine Windeln weitgehend selber wechseln. Bei der Entleerung seines Darms nehme ich seine Hilfe in Anspruch. Damit Lars seinen Körper und vor allem seine Genitalien auch im Ganzen sehen kann, habe ich über seinem Bett einen großen Spiegel angebracht. So kann er sich sehen, wenn er möchte.

Ein großer Schritt zu Selbständigkeit und Unabhängigkeit ist vollbracht, wenn sich die Kinder selbst windeln oder katheterisieren können. Sie sind dann in ihrer Intimsphäre nicht mehr so stark beeinträchtigt. Diese Selbständigkeit ist besonders wichtig, da doch insgesamt viele Personen in die Privat- und Intimsphäre des Kindes oder des Jugendlichen eingreifen.

8. Geschwister

Inzwischen gibt es zum Thema ›Geschwisterkinder‹ einiges an Literatur. In der Vergangenheit wurde über Kinder mit Behinderung viel geschrieben, in neuerer Zeit wurde klar, daß es genauso wichtig ist, die Geschwister zu berücksichtigen.

Es ist für Eltern oft sehr schwierig, sich auf ein weiteres Kind einzulassen, vor allem, wenn das Erstgeborene ein behindertes Kind ist. Die Schwangerschaft und die Zeit danach erfordern viel Kraft.

Für uns war ganz klar: Lars sollte Geschwister haben. Vertrauen hatte ich zu einem Frauenarzt, der mich beratend und unterstützend durch meine drei weiteren Schwangerschaften begleitete.

Ich habe viele Eltern kennengelernt, die zu einem weiteren Kind »Ja« sagten.

Ein wichtiger Gesichtspunkt dabei ist, daß das behinderte Kind lernen muß, die Aufmerksamkeit der Eltern zu teilen. Auf diese Weise wird einem übermäßigen ›Bemuttern‹ vorgebeugt.

Außerdem lernen behinderte Kinder von ihren Geschwistern. In vielen Punkten können diese die Eltern auch ›entlasten‹.

Geschwisterkinder können dem behinderten Kind viel geben und selbst wiederum viel von ihm lernen. Sie sind allerdings auch mit einer besonderen Situation konfrontiert. Die Mutter eines behinderten Kindes hat weniger Zeit für die Geschwisterkinder, da dessen Pflege sehr viel Zeit in Anspruch nimmt: Unterstützung beim Anziehen, Wickeln, bei der Entleerung von Blase und Darm, beim An- und Ausziehen des Stehapparates, beim Lauftraining und krankengymnastischen Übungen. Die Therapiebesuche nehmen ebenfalls viel Zeit in Anspruch und sind oft mit Fahrten verbunden. Geschwisterkinder werden entweder mitgenommen oder werden bei Bekannten, Freunden oder Verwandten untergebracht. Ein besonderer Einschnitt sind geplante oder unvorhergesehene Krankenhausaufenthalte. Diese Zeit ist oft sehr ungewiß für Geschwisterkinder, denn sie dürfen auf manchen Stationen keinen Besuch machen und haben die Mutter noch seltener um sich. Geschwisterkinder müssen sich mit einer Reihe von Themen auseinandersetzen, die andere Kinder nicht betreffen. So zum Beispiel mit ihrem eigenen Körper und dem des behinderten Geschwisterkindes. Oder aber mit ihrer Umwelt, die ihnen auf vielfältige Weise signalisiert: ich habe einen behinderten Bruder oder eine behinderte Schwester. Weiter mit der Tatsache, daß viele Aktivitäten geplant werden müssen und nicht spontan stattfinden können wie beispielsweise ein Freibadbesuch oder eine Fahrradtour. Eine bedeutende Frage für Eltern ist in diesem Zusammenhang auch, inwieweit die Geschwisterkinder in die Pflege und das tägliche Tun mit einbezogen werden können, ohne daß sie darunter leiden und sich trotzdem noch frei entfalten können.

Auch zu dieser Fragestellung können Eltern Unterstützung durch eine Selbsthilfegruppe erfahren, vor allem von Familien, die in einer ähnlichen Lebenssituation stehen.

9. Eltern- und Partnerschaft

In der ersten Zeit nach der Geburt eines behinderten Kindes herrscht bei beiden Elternteilen ein wahres Gefühlschaos. Trauer, Mitleid, Zukunftssorgen und das Eingespanntsein in die neue Situation, ja sogar die Schuldfrage, bestimmen das Gefühlsleben und die Interaktionen miteinander. Oft zieht sich ein Partner zurück, während der andere anfängt, sich verstärkt um das Kind zu kümmern. Beide finden wenig oder gar keine Zeit mehr füreinander und für sich selbst. Diese Zeit wird auch von einer gewissen Hilflosigkeit bestimmt. Bei Frauen spielt oft die Geburt und ihre Verarbeitung eine wichtige Rolle. Wenn ich zurückschaue, muß ich feststellen, daß die Reaktionen der anderen bei der Geburt meiner Kinder sehr unterschiedlich waren. Bei Lars gratulierte fast niemand, bei Lisa dagegen kamen die Ärzte an das Wochenbett und gratulierten zur Geburt unserer gesunden Tochter! Die Geburt des ersten Kindes ist ein einschneidendes Ereignis in die gewohnte Zweisamkeit eines Paares. Sie erfordert schon unter normalen Umständen viel Kraft für eine gemeinsame ›Harmonie‹ und ist in dieser Situation noch viel schwieriger.

Der weitere Weg eines behinderten Kindes ist geprägt von vielen Sorgen und Nöten und bedeutet oft die Berufsaufgabe der Mutter. Sie muß lernen, das Kind in fremde Hände abzugeben, etwa bei Therapien etc. Zwischen den Eltern kann oft keine Auseinandersetzung stattfinden. Die Mutter erzählt von Arztbesuchen, der Vater möchte lieber über Dinge seines Berufslebens sprechen. Ein Zwiespalt. Es dauert eine geraume Zeit, bis man wieder zueinander finden kann.

Viele Menschen denken, ein behindertes Kind muß eine Partnerschaft stärken und zusammenschweißen. Es kann so sein, muß aber nicht.

Eine Ehe muß sich neu orientieren. Wie in jeder Ehe gibt es auch hier Höhen und Tiefen.

Es ist sehr schwierig, eine angemessene Balance zu finden zwischen eigenen Bedürfnissen, denen des Partners und denen des Kindes.

Ganz wichtig ist, daß die Eltern miteinander sprechen, sich trösten, sich in den Arm nehmen, sich gegenseitig unterstützen und Halt geben. Und bei allen Belastungen und bei aller Beanspruchung sollten Eltern ihre Liebe und ihre Sexualität und ihre eigenen Bedürfnisse nicht vergessen!

10. Von der Notwendigkeit und Schwierigkeit einer Koordination aller Gesichtspunkte

Die Koordination der einzelnen Bereiche und Gesichtspunkte:

Das Schaubild am Anfang des Kapitels zeigt die Vielzahl von Personen und Institutionen, mit denen die Familie eines behinderten Kindes in Berührung kommt.

Nun möchte ich an einem weiteren Schaubild aufzeigen, welche Rolle die Eltern eines behinderten Kindes dabei haben können:

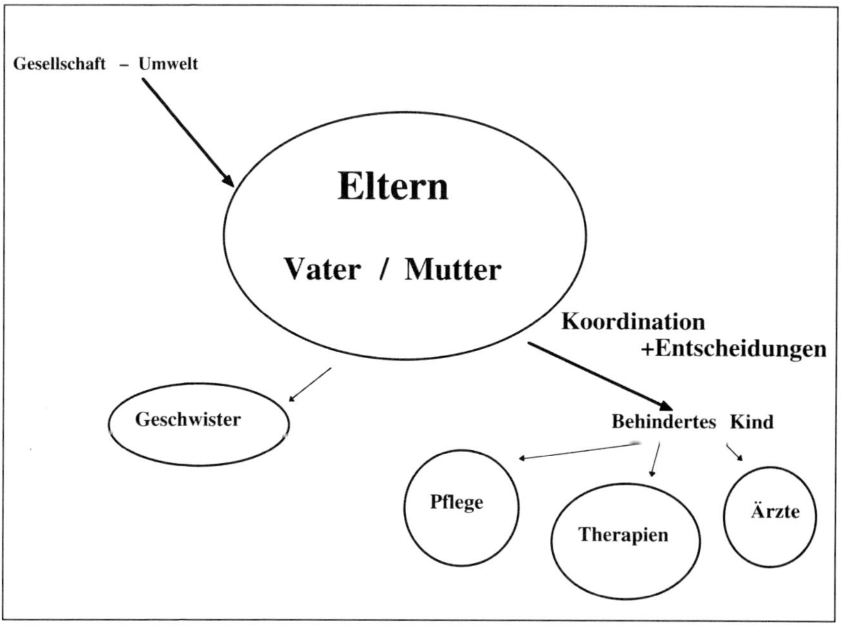

Um eine Koordination aller Bereiche zu erzielen und eine Übersicht darüber zu haben, ist es sinnvoll, einen Ordner mit allen Daten anzulegen.

Ich selbst habe die Arztbriefe gesammelt und unter der jeweiligen Fachrichtung abgelegt. Desweiteren die Hilfsmittel-Rezeptierungen und die Belege über die Hilfsmittel, die wir selbst hergestellt haben. In diesem Ordner finden sich auch die Therapien und Adressen der jeweiligen Therapeuten. Nicht zuletzt enthält der Ordner von Lars den Röntgenpaß, den Ventil-Paß, das Untersuchungsheft und Formulare, auf denen ich seine Urinkontrollen festhalte. Auch einen Überblick über seine Kinderkrankheiten und über sein Gewicht (Wiegekarte) habe ich darin gesammelt. So habe ich einen Überblick, wann welche Untersuchung stattgefunden hat und wann es wieder Zeit wird, den nächsten Termin zu vereinbaren.

Eltern müssen die gesamte Koordination und die Entscheidungen für das behinderte Kind übernehmen. Oft ergeben sich dabei Situationen, in denen sie sich überfordert und alleingelassen fühlen. Eine Selbsthilfegruppe kann bei den verschiedenen Fragen und Problemen hilfreich und unterstützend sein. In Gesprächen mit anderen betroffenen Eltern oder direkt mit den betroffenen Jugendlichen und Erwachsenen ergeben sich oft Tips und Hilfen für die anstehenden Entscheidungen. Aber auch Gespräche mit Eltern von nichtbehinderten Kindern sind notwendig, weil oft das Gefühl für die ‹normale› Situation mit Kindern verlorengeht.

Eltern werden mit einer Vielzahl von Aspekten konfrontiert, und sie müssen lernen, damit umzugehen.

An dieser Stelle möchte ich noch einige Punkte aus dem alltäglichen Leben anführen, die Beachtung finden sollten:

Aufgrund der schlechteren Durchblutung und durch den Mangel an Bewegung können leicht Frakturen entstehen. Deshalb sind viel Bewegung, Massage, Stehen im Stehapparat und Bewegungsübungen im Rollstuhl sehr wichtig.

Offene Druckstellen (Dekubitus) können beispielsweise durch Wundliegen oder schlechten Sitz der Kleidung oder des Stehapparates entstehen. Dies sind Punkte, auf die dringend geachtet werden sollte.

Um Versteifungen der einzelnen Gelenke und Knochen sowie einer Deformation der Wirbelsäule vorzubeugen, ist es sinnvoll, immer wieder die Sitz- und Liegehaltung des

Kindes zu korrigieren, es eventuell anzuhalten, selbst darauf zu achten.

Um Verbrennungen und Verbrühungen der gefühllosen Körperteile vorzubeugen, sollte auf die Kälte und Wärmequellen wie Heizkörper, Wärmflaschen und ähnliches geachtet werden. Auch hier kann das Kind je nach Alter mit einbezogen werden.

11. Selbsthilfegruppen

Wie schon mehrmals erwähnt, können Selbsthilfegruppen sehr wichtig sein. Hier treffen sich Eltern, Kinder und Jugendliche sowie Selbstbetroffene, und alle haben als Hintergrund Spina bifida und/oder Hydrocephalus. Informationen und Tips können weitergegeben und Erfahrungen ausgetauscht werden. Da diese Behinderung so vielfältig ist, sind nicht alle gleichermaßen betroffen. So haben die einen mehr Blasenprobleme, andere mehr orthopädisch begründetete. Wieder andere haben Probleme aufgrund ihres Hydrocephalus. Die einen sind noch Säuglinge, die anderen schon Teenager. So ergibt sich ein breites Spektum von Erfahrungswerten und Erlebnissen.

Meist sind in Selbsthilfegruppen die Mütter aktiv. Sie suchen unter anderem Entlastung für ihren täglichen Ablauf. Entscheidungen aber müssen von ihnen selbst getroffen werden, und dabei können Gespräche mit anderen Betroffenen eine zusätzliche Unterstützung sein.

Eltern können aufgrund ihrer Erfahrungen mit ihren Kindern und aufgrund ihres Wissens, das sie sich mit der Zeit aneignen, zu Experten auf dem Gebiet dieser Behinderung werden.

Meist entstehen Freundschaften zwischen Eltern, aber auch zwischen den Kindern und Jugendlichen. So kann eine gemeinsame Freizeitgestaltung entstehen.

Eine Selbsthilfegruppe bietet auch die Möglichkeit, sich mit anderen Selbsthilfegruppen zu vernetzen, ebenso mit Institutionen, Ämtern, Vereinen usw.

Eine Selbsthilfegruppe kann nur mit dem Engagement vieler Betroffener existieren und agieren. Im Bereich Tübingen/Reutlingen/Zollern-Alb-Kreis initiierte ich 1986 eine Selbsthilfegruppe ›Spina bifida und Hydrocephalus‹. Nach gut einem Jahr schlossen wir uns dem Bundesverband an, und im Laufe der Zeit gab es auch einen Landesverband für Baden-Württemberg. Wir erstellten ein Faltblatt mit einer Beschreibung der Behinderung, sowie unseren Aufgaben und Zielen. Für eine Spina bifida Ambulanz in der Kinderchirurgischen Klinik Tübingen sowie für eine Rollstuhlsportgruppe machten wir uns stark. Zu unterschiedlichen Themen fanden viele Gesprächskreise mit Fachleuten (Ärzte, Therapeuten) statt. Die Freizeitveranstaltungen mit Kindern, wie beispielsweise Werknachmittage oder gemeinsame Übernachtungen in einem Freizeitheim, nahmen einen großen Stellenwert ein. Auch Überlegungen zur Finanzierung unserer Aktivitäten wurden durch Flohmarktverkäufe und Werbung in die Tat umgesetzt.

Wir nutzten die Gelegenheit, Spina bifida aus der Sicht von uns Eltern sowie der Kinder und Jugendlichen in verschiedenen Schulen vorzustellen. Beispielsweise in der Hebammenschule, der Ergotherapieschule und an der Fachhochschule für Sonderpädagogik.

Für mich selber war die Beratung neubetroffener Familien ein Schwerpunkt. So viele Gefühle, Sorgen und Nöte werden hier gezeigt und ausgesprochen.

In diesen Situationen hat Lars selbst sehr viel mitgeholfen. Denn mit seiner Art und seinem Charme hat er den Eltern ein zwar ›anderes‹ Leben vorgeführt, dabei aber deutlich gezeigt, es ist *Leben*!

Da diese Selbsthilfegruppe derzeit ruht, können Informationen zu Spina bifida und/oder Hydrocephalus beim Bundesverband eingeholt werden.

Das alltägliche Leben mit einem Spina bifida Kind – Lars, mein Sohn, unser Bruder

Lars wurde an einem Donnerstagmorgen im Januar in der Frauenklinik Tübingen geboren. Er ist unser erstes Kind. Die Schwangerschaft war ganz normal verlaufen. Bis sechs Wochen vor dem Entbindungstermin habe ich als Erzieherin im Kindergarten gearbeitet. Wir haben uns riesig auf unser Kind gefreut. Alles war für seine Ankunft zu Hause vorbereitet.

»Damit müssen Sie halt leben« sagte der Frauenarzt in der Klinik zu mir. Ich wußte nicht, mit ›was‹ ich nun leben ›muß‹. Erst nach und nach wurde mir klar, was er damit meinen könnte. Und ich kann seine Meinung bis heute nicht teilen; es ist kein ›Muß‹ für mich, sondern eine Art Herausforderung.

In dieser ersten Zeit hatte ich viel Vertrauen und viel Hoffnung in die Ärzte und die Medizin. Ich war froh, daß in Tübingen Kinderklinik und Frauenklinik in unmitelbarer Nähe zueinander liegen. Lars wurde sofort nach der Entbindung zum Untersuchungstisch gebracht. Ich lag im Kreisbett und dachte, nun legen sie dir dein Kind auf den Bauch. Die Hebamme brachte ihn für einen kurzen Moment zu mir an das Kreisbett, eingewickelt in Moltontücher, er schrie. Ich durfte ihn halten, dann nahm sie ihn mir wieder weg. Er wurde in die Kinderklinik zu weiteren Untersuchungen verlegt und für die erste Operation in seinem Leben vorbereitet.

»Er wird mal nicht richtig laufen können.«

»Er wird mal nicht richtig ›pippi machen‹ können.«
Diese Sätze hörte ich im Kreisbett und im Wochenbett.
Ich dachte, es wird schon Möglichkeiten geben, ihm zu helfen.

Ich selbst wurde nicht auf die Wöchnerinnen-Station verlegt, sondern auf eine andere Station. Dort bekam ich für mich auch heute noch unglaubliche Dinge zu hören: »Hoffentlich darf ihr Kind sterben, sie sind ja noch jung und können noch viele gesunde Kinder bekommen«. Ich konnte alles nicht einordnen und nicht verstehen, ich war nur traurig. Ich konnte mit der Zeit nicht einmal mehr weinen und ich fühlte mich so alleine.

Erst nach vier Tagen konnte ich Lars in der Kinderklinik sehen. Er lag auf der Frühgeborenen-Station in einem Brutkasten. Er hatte ein rosiges Gesicht, war gut entwickelt und kräftig; daneben lagen ganz zarte kleine Frühgeborene. Welch ein Unterschied.

Und gerade er sollte behindert sein? Ich konnte es nicht fassen.

Täglich pumpte ich mehrmals Muttermilch ab. (›Wie romantisch, wie zärtlich, wie schön!‹) Diese Milch brachte ich zur Kinderklinik in die Küche, dort wurde sie kontrolliert und Lars dann in der Flasche gegeben. Jeden Tag ging ich ins Krankenhaus. Langsam gewöhnten Lars und ich uns aneinander. Allerdings ist es schwierig, in einem Krankenhaus mit seiner speziellen Atmosphäre, den vielen Fremden, Ärzten und Schwestern, den Apparaten mit ihren Schläuchen und Kabeln eine innige und vertrauensvolle Beziehung aufzubauen. Er lächelte mich an. Ich versuchte, Lars trotz der widrigen Umstände zu stillen. Zwischendurch liefen wieder verschiedene Untersuchungen.

Die Ärzte machten uns kaum Hoffnung. »Er wird vielleicht ein Jahr alt werden«, »er wird nie alleine sitzen können« und »nach Hause nehmen dürfen sie ihn sowieso nicht, er kommt in das Versorgungskrankenhaus«. Diese Äußerungen taten mir weh. Viele, viele Gedanken wirbelten durch meinen Kopf.

Es begegneten uns viele Kleinkinder auf dem Weg in die Kinderklinik.

Uns wurde bewußt: Lars wird nicht Dreirad fahren können, er wird nicht springen und hüpfen können und und und ...

In den folgenden vier Monaten hatte Lars drei Operationen. Glücklich fühlte ich mich, wenn Lars im Kinderwagen lag und wir von der Klinik aus für kurze Zeit miteinander spazieren gehen durften. Ich schob Lars zuerst in einem Kinderwagen der Kinderklinik, dann mit seinem eigenen durch den Alten Botanischen Garten bei Schnee und auch bei Sonnenschein. Ich war Mutter.

Anstatt zusammen mit dem Neugeborenen einen eigenen Rhythmus zu finden, verlief der Tagesablauf nach vorgegebenen, zunächst unbekannten Regeln und Zwängen ab. Schon beim Aufstehen hatte ich viele Gedankenwirbel: was wird heute auf mich zukommen, welche neuen Erfahrungen werde ich machen, welche Untersuchungen stehen an, welche Ergebnisse werden sie bringen, wie wird Lars' Leben weitergehen. Der Tag mit ihm im Krankenhaus brachte immer viel Neues, neue Ängste und Sorgen, aber auch Freudiges von Lars beispielsweise sein erstes Lächeln und Gespräche mit Eltern anderer Kinder. Dann wieder nach Hause gehen, was erwartet mich dort: ein leeres vorbereitetes Kinderbett und der Haushalt. Vor den Einschlafen wirbelten wieder viele Gedanken durch meinen Kopf.

Anfang April dann endlich die Mitteilung: Lars darf nach Hause.

Bisher hatten die Kinderkrankenschwestern mich in die Pflege eingeführt und mich unterstützt, nun war ich damit alleine. Lars hatte noch eine kleine Wunde am Rücken, die es zu behandeln galt.

Nun war wieder ein neuer Rhythmus eingekehrt, der ganz und gar von Lars bestimmt wurde, wie bei anderen Säuglingen: füttern, schlafen, windeln, baden, spielen, zusätzlich aber Krankengymnastik und Beine durchbewegen.

Meine Tante erzählte mir von einem Professor für Orthopädie im Olgahospital in Stuttgart, der auf diese Art von Behinderung im neuroorthopädischen Bereich spezialisiert ist. Wir vereinbarten einen Termin. Bereits als Lars fünf Monate alt war, gingen wir in die Sprechstunde. Die Atmosphäre dort strahlte Wärme aus und ich hatte das Gefühl mit meinem Kind in den richtigen Händen zu sein.

Es gab keine negativen Bemerkungen, keine destruktiven Meinungen, sondern das Kind wurde so angenommen, wie es ist. Ich hatte das Gefühl, hier wird anerkannt, was du tust, und so wie du es machst, ist es richtig. Professor Parsch hat bis heute fünf Operationen bei Lars durchgeführt. Wir schenkten ihm unser Vertrauen, und er besitzt es noch heute. Lars erzählt immer von seinem Freund, dem Professor.

Ich habe viele Vorträge von Prof. Parsch über Spina bifida und die orthopädischen Möglichkeiten gehört und Dias dazu angeschaut. Dadurch konnte ich die Behinderung (das Krankheitsbild) besser kennenlernen und meine Kenntnisse vertiefen.

In Lars' erstem Lebensjahr folgten noch zwei weitere Operationen, die nicht im Zusammenhang mit der Behinderung standen. Die erste erfolgte im Sommer. Da ich inzwischen wieder berufstätig war, und Lars von einer Praktikantin betreut wurde, mußte ich vom Kindergarten aus schnell in die Klinik fahren, um die notwendigen Formalitäten zu erledigen. Eine Türe ging vor mir zu, und ich durfte nicht weitergehen, sondern mußte warten.

Nach einer Stunde kam die Nachricht: Es ist alles o.k., dem Kind geht es gut. Ich fühlte, wie meine innere Unruhe sich legte. Die zweite Operation erfolgte zwei Tage vor Weihnachten. Auch diesmal ging alles gut. Wir feierten das erste Weihnachtsfest gemeinsam zu Hause. Sein erster Geburtstag nahte. Schon ein Jahr alt, und die Befürchtungen der Ärzte traten nicht ein. Lars entwickelte sich: Er kann alleine sitzen. Er kann dabei sein Gleichgewicht halten. Er lächelt. Er blabbert. Er dreht sich vom Bauch auf den Rücken. Er hebt seine Schoppenflasche alleine.

Oft fragte ich mich, ob ich denn die einzige Mutter von einem Kind mit dieser Behinderung sei. Die Fachausdrücke ›Spina bifida‹ oder ›Meningomyelocele‹ waren mir noch so fremd. Freunde und Eltern zeigten in diesem ersten Jahr ganz unterschiedliche Reaktionen. Eine Seite der Familie suchte ganz deutlich nach der Schuld. ›Natürlich‹ wurde sie mir zugewiesen.

Lars war der erste Enkelsohn in beiden Familien, und alle Erwartungen waren für eine Familie nun mit einem Schlag zunichte gemacht.

Einige Freunde waren sehr erstaunt: der sieht ja gar nicht behindert aus!

Andere meldeten sich nicht mehr. Heute weiß ich, daß es ihnen schwerfiel, auf uns zuzugehen, umgekehrt war es uns jedoch zu dieser Zeit und in dieser Situation ebenfalls nicht möglich.

Auch an gemeinsamen Unternehmungen im Freundeskreis, wie zum Beispiel Radtouren zu Grillplätzen, konnten wir nicht mehr teilnehmen. Lars konnte einfach nicht so lange sitzen, und aus Rücksicht auf seinen Rücken, auf seine Wirbelsäule, wollte ich kein Risiko eingehen.

Im zweiten Lebensjahr von Lars wurde eine Klumpfußoperation an beiden Füßen notwendig, damit er zum Stehen kommen konnte. Eine wichtige Voraussetzung für seine weitere körperliche und geistige Entwicklung. So verbrachte er zehn Tage im Olgahospital in Stuttgart, und anschließend waren beide Beine eingegipst. Um nicht jedesmal nach Stuttgart zur Wundbehandlung fahren zu müssen, durften wir sechs Wochen lang alle zwei bis drei Tage in der Kinderchirurgie die Wunden durch die Gipsfenster versorgen lassen. In zweiwöchigem Rhythmus wurde der Gipswechsel in Stuttgart vollzogen. In der Kinderchirurgie in Tübingen ergab sich, nach einem längeren Gespräch mit einem Arzt, daß wir gemeinsam versuchen wollten, in Tübingen eine Selbsthilfegruppe für Spina bifida zu initiieren. Daraufhin besuchten wir im Balinger Raum auch eine betroffene Familie und lernten ihre Tochter kennen. Die Muttter erzählte von weiteren Frauen, die sich in Abständen treffen. Nun planten wir, eine Zeitungsannonce in verschiedenen Zeitungen der Umgebung Reutlingen, Hechingen, Balingen aufzugeben, und die Klinik schrieb die ihnen bekannten Familien an. Wir waren erstaunt, wieviele Eltern beim ersten Treffen kamen. Bald hatten wir einen Gemeindesaal zu unserer Verfügung und trafen uns von da an in vierteljährlichem Abstand. Nach circa einem Jahr beschlossen wir, uns dem Bundesverband Spina bifida und/oder Hydrocephalus anzuschließen. So wurden wir die Arbeitsgemeinschaft Spina bifida und/oder Hydrocephalus Selbsthilfegruppe Tübingen, Reutlingen, Zollern-Alb. 50 Familien schrieb ich zu den Treffen an. Bald wurde ein richtiges Programm veranstaltet. Wir waren eine Gemeinschaft, und es entwickelten sich Freundschaften. Immer wieder kamen bestimmte Fragen auf, und wir versuchten, sie zu klären. Lange brauchten wir allerdings, um in Tübingen beispielsweise eine Rollstuhlsportgruppe aufzubauen. Ich verhandelte mit verschiedenen Krankengymnasten, mit dem Schul- und Sportamt sowie dem Sportinstitut. Endlich fanden wir eine Übungsleiterin und eine Turnhalle. Seither gibt es an der Berufsgenossenschaftlichen Unfall-Klinik eine Kinder-Rollstuhlgruppe. Insgesamt war ich, die Gründungszeit eingerechnet, neun Jahre lang Initiatorin und Vorsitzende dieser Selbsthilfegruppe.

Aber zurück zu Lars. Er hatte nun eine gute Fußstellung und war bereit, seinen ersten Stehapparat zu bekommen. Es dauert lange, bis so ein Stehapparat fertig ist, denn er wird in reiner Handarbeit gefertigt und muß exakt sitzen. Er darf beim Tragen keine Druckstellen verursachen. Was für ein Erlebnis, als Lars das erste Mal stand. Er war richtig groß. Nun konnte er mit diesem Apparat nicht alleine stehen, es fehlte ihm an Gleichgewicht. Wir suchten nach Ideen. Eine Person meinte, wir sollen Lars mit einer Windel an das Gitterbett binden, dieses war mir jedoch unmöglich. So können eben manche Tips nicht umgesetzt werden. Wir machten uns weitere Gedanken, und dann sägte Lars' Papa in der Mitte einer Holzplatte ein Loch aus, an die er vier Tischfüße anschraubte. So konnte der Junge alleine stehen, beziehungsweise sich anlehnen und spielen. Die Gefahr des Umfallens war beseitigt und keiner von uns Erwachsenen mußte immer neben ihm stehen.

Wir wohnten im dritten Stockwerk und überlegten uns nun, wie es in Zukunft weitergehen sollte. Zufall oder nicht? Im selben Haus wurde eine 5-Zimmer-Wohnung im Erdgeschoß frei, und wir konnten sie mieten. Richtig viel Platz für uns drei Personen, aber dies sollte sich noch ändern.

Inzwischen durfte er in ein Kindertagheim gehen. Er wurde toll integriert und hatte viel Spaß dort. Ich hatte meine Berufstätigkeit aufgegeben, da die vielen Termine mit Lars bei Ärzten, Therapeuten und so weiter viel Zeit in Anspruch nahmen. Aber auch deshalb, weil es mir selbst nicht gut ging.

Mit seinem Rollbrett machte Lars schon lange die Wohnung unsicher. Er war enorm beweglich damit und konnte alle Räume erreichen. Bei Türschwellen halfen wir mit abgeschrägten Brettern nach.

Er erreichte mühelos den Papierkorb und leerte ihn. Er räumte meinen Einkaufskorb aus und genoß die Mohrenköpfe. Er fing an, Tapeten abzuziehen. Er war ein lustiger Schlingel geworden.

So freute er sich über seine Schwester Lisa, die zwei Jahre nach ihm geboren wurde. Mit der Zeit nahm er sie auf seinem Rollbrett als Taxifahrer mit und gab ihr auch die Schoppenflasche.

Er hatte auch schon seinen eigenen Willen:
Eines Nachts rief er nach mir. »Mama hoch, Mama laufen, dahin, dorthin, nicht dahin, da.« So zeigte er von Zimmer zu Zimmer, bis wir im Schlafzimmer ankamen. »Mama da laufen«. Ich legte ihn in unser Bett. Er kuschelte sich hin und schlief im »Gräble« weiter.

Als Lars drei Jahre alt war, meldeten wir ihn in einem Kindergarten in unserem Wohngebiet an. Nach Rücksprache mit den Erzieherinnen der Kindertagesstätte und des Kindergartens bestanden keine Probleme. Der Kindergarten ist in einer Wohnung untergebracht und somit enger geschnitten. Er hat einen seperaten Eingang zum Wohnhaus und ist über ein paar Stufen erreichbar. Mit seinem Rollbrett erkundete Lars den Kindergarten. Es wurde viel am Boden gespielt und seine Integration innerhalb der anderen drei- bis sechsjährigen Kinder gelang prima. Das Turnen fand einmal wöchentlich in einer Turnhalle statt. Die Erzieherinnen kauften Rollbretter (Flitzis), und so konnten die Kinder ausprobieren, wie Lars sich fortbewegt. Eine tolle Idee. Zu dieser Zeit entstand mein Gedanke, ein Bilderbuch über die Behinderung Spina bifida zu gestalten. Als Lars seinen ersten Rollstuhl erhielt, war die Frage, ob eine Rampe oder Schienen am Hauseingang angebracht werden sollen. Dieser Gedanke wurde wieder verworfen, weil der Eingangsbereich zu eng war. Außerdem war Lars noch leicht genug zum Tragen.

Inzwischen hatte Lars einen Geh- und Stehapparat mit einem Rollator. So konnte er teilweise das Geschehen im Stehen verfolgen, am Tisch stehen oder kurze Strecken im Kindergarten zurücklegen. Um die Turnstunden und den Kindergartenablauf und -alltag festzuhalten, drehten wir einen Videofilm.

Mit dreieinhalb Jahren bekam Lars ein handbetriebenes Dreirad. Was für eine Freude war es für uns, ihm beim Dreiradfahren zuzuschauen. Hatten wir doch einst gedacht, daß er nie wie andere Kinder würde Dreirad fahren können.

»Darf ich ›Buzzele‹ sagen?« fragte er, als seine Schwester Leoni auf die Welt kam.

Jetzt kam eine Zeit, die sehr anstrengend war. Nun hatte ich drei Wickelkinder. Spaziergänge konnte ich nur mit einer weiteren erwachsenen Person machen, da zwei Kinder im Doppelbuggy saßen, und ein Kind im Kinderwagen lag. Eine wirklich anstrengende Zeit, bis Lisa keine Windeln mehr brauchte und auch größere Strecken alleine lief. Schwieriger gestalteten sich nun auch die Arztbesuche und Kontrolluntersuchungen von Lars. Schön war, wenn ich die Kinder bei Freunden oder bei der Oma lassen konnte. Später hatte ich auch die Möglichkeit, die Kinder in das Geschwisterhaus in Tübingen zu bringen. Mit der Zeit wollten die Schwestern natürlich mitgehen und auch sehen, was mit Lars so alles geschieht. Um sie miteinzubeziehen änderte ich meine Organisation, da ich es sehr wichtig fand und finde, sie am Geschehen teilnehmen zu lassen.

In diesem Jahr fanden nur die normalen Kontrolluntersuchungen statt. Keine Operation war geplant und es mußte auch keine spontan stattfinden. Aber es sollte trotzdem kein ruhiges Jahr werden. Lisa beschäftigte uns. Im Sommer hatte sie ihre Hand angeschlagen; es war aber keine Therapie notwendig. Im Herbst mußte sie für acht Tage ins Krankenhaus. Dieser Vorfall relativierte meine Vorstellung, daß nur Lars mit Krankenhausbesuchen und Arztkonsultationen konfrontiert wird. Es machte mir klar, daß bei jedem Kind Probleme auftreten und akute Arztbesuche notwendig werden können.

Lars und meine älteste Tochter Lisa, gingen ab Herbst 1989 gemeinsam in den Kindergarten.

Er mit dem Rollstuhl, Lisa zu Fuß. Es war ein netter Anblick, als die beiden zusammen losgingen.

Nun folgten Überlegungen unsererseits, wie wir die Eingangsstufen zu unserer Wohnung überbrücken können, ohne unsere Rücken zu sehr zu belasten, und um Lars'

Selbständigkeit im Kommen und Gehen zu fördern. Wir konnten hierfür keine finanziellen Hilfen von der Krankenkasse erwarten. Möglich war in diesem Fall, daß die Kasse unsere Kosten der Krankengymnastik und Arztkonsultationen übernahm.

Wir schauten uns verschiedene Systeme an und entschlossen uns zu einer »Mini-Hebebühne«. Hierfür wurde eine Überdachung notwendig, die sich dann als kleiner Windfang an unsere Hintereingangstüre entwickelte. Über das Sozialamt (Bundessozialhilfegesetz – BSHG) wurde dieses Hilfsmittel mitfinanziert. So ergab sich für Lars eine weitere Möglichkeit, unabhängiger von uns zu werden und zu sein.

Eines Tages sagte Lars zu mir: »Du Mama, du wolltest doch bestimmt ein gesundes Kind haben?«

Ich antwortete ihm: »Jede Mama wünscht sich ein gesundes Kind – aber wir haben dich so lieb, wie du bist.« An solchen Äußerungen merkte ich, welche Gedanken Lars bewegten. Seine Auseinandersetzung mit der Behinderung freute mich einerseits, weil es zeigte, daß er damit umgehen will und kann, andererseits merkte ich, wie schwierig es ist und wird, ihm auf seine Fragen zu antworten. Wichtig war mir, ihn als Persönlichkeit zu bestärken, ihm Mut zuzusprechen und ihm Akzeptanz entgegenzubringen.

1990 fuhren wir mit unserem ausgebauten Ford Transit für zwei Wochen in Urlaub nach Ostdeutschland. Es waren zwar nette zwei Wochen, die aber für Lars mit einem zweiwöchigen Krankenhausaufenthalt in Tübingen endeten. Hier möchte ich anführen, daß dies zum Teil an den damals schlechten sanitären Anlagen in Ostdeutschland lag, gleichzeitig aber auch anmerken, daß die Urlaubs- und Freizeitsplanung Fragen aufwirft wie: »Was machen wir, wenn etwas passiert?« »Wo ist das nächstgelegene Krankenhaus?« und weitere. Allerdings tritt mit der Zeit eine gewisse Sicherheit in Bezug auf das Kennen der Behinderung und die Reaktionen des Kindes auf, um agieren zu können.

Psychisch ging es mir immer noch nicht gut und ich fragte mich, was mich denn so aus der Bahn wirft. Kurz nach Lars' Geburt war ich bei meinem Hausarzt in Behandlung, es veränderte sich jedoch nichts. Nach einiger Zeit verwies er mich an einen Psychiater. Ich suchte ihn auf und war tief enttäuscht. Er meinte: »Sie haben das behinderte Kind. Es ist Ihr Problem, damit fertigzuwerden.« Weinend fuhr ich nach Hause. Mir selber helfen. Wie?

1990 kam unser viertes Kind auf die Welt. Ein Quartett. Die drei Schwangerschaften nach Lars betreute derselbe Frauenarzt. Er hatte mein Vertrauen, er unterstützte und begleitete mich. Als Mutter eines ›Risikokindes‹ steht frau bei weiteren Schwangerschaften unter verstärkter Kontrolle. So ließ ich bei den Mädchen eine Fruchtwasseruntersuchung durchführen, allerdings nur auf Druck meiner Umwelt. Meine Gedanken selbst gingen nie in die Richtung, ein weiteres Spina bifida Kind zu bekommen. Die Möglichkeit ist medizinisch um 2–4% höher. Es gab Menschen, die nicht verstehen konnten, daß ich meinen Frauenarzt nicht wechselte und ihm auch keine Vorwürfe machte. Wieso sollte ich jemanden beschuldigen? Warum sollte ich jemandem Vorwürfe machen? Ich kann nur lernen, unser Leben zu akzeptieren und Lars so zu nehmen, wie er ist.

Vor seiner Einschulung stand Lars eine große Rückenoperation bevor. Alle Vorbereitungen für die Operation waren getroffen. Lars' Papa sollte mit ihm über vier Wochen im Krankenhaus bleiben. Ich war bei den Mädchen zu Hause und besuchte Lars alle zwei Tage, telefonierte mit ihm und schickte ihm Post. Die Operation im Olgahospital Stuttgart war mit zirka sieben Stunden angesetzt. Es sollten Wirbelkörper entnommen werden, um seine Wirbelsäule zu begradigen und mit Drähten zu stabilisieren. Ich erinnere mich an diesen Tag noch sehr genau, ich war so nervös, so aufgeregt, ich lief in der Wohnung umher, ich konnte mich nicht konzentrieren, aber ich wollte allein sein. Schon nach fünf Stunden kam der Anruf: Lars hatte die Operation überstanden. Er sei auf der Intensivstation, es gehe ihm soweit gut. Ein ganz großer Stein fiel mir vom Herzen. Waren die Risiken doch so hoch. Ich betrat am nächsten Tag sein Zimmer und er – er lächelte mich an.

Das Hin und Her in den nächsten vier Wochen war sehr aufreibend.

Leoni durfte anstelle von Lars in den Kindergarten, den sie kurz darauf regulär besuchen durfte. Dies war eine große Hilfe für mich. So hatte ich mehr Möglichkeiten, Lars zu besuchen. Endlich durfte er, mit einem Gips von den Zehen bis unter die Arme – liebevoll Max-und-Moritz-Gips genannt – nach Hause. Eine Aussparung für die Windel wurde gelassen. Es war ein enormer Pflegeaufwand, vor allem, weil das Tragen und Wickeln so umständlich war. In der ersten Zeit konnte er nur liegend transportiert werden. So stellte uns die Firma Weber & Greissinger in Stuttgart einen Liegerollstuhl zur Verfügung. Lars' Papa baute einen Stehwagen zum Schieben. So hatten wir wieder eine weitere Fortbewegungsmöglichkeit für Lars. Ein Antibiotikum war Lars' einzige Medizin. Nun bekam er jedoch hohes Fieber. Ich kontrollierte seinen Urin: alles in Ordnung. Ich wechselte die Inneneinlage des Gipses am Rücken, eine etwas schwierige Angelegenheit, da der Gips durchgehend war. Die Einlage zeigte genau an der OP-Stelle gelbliches Sekret – Eiter? Unser Kinderarzt bestätigte dies, und wir fuhren mit Lars wieder nach Stuttgart. Was wird auf uns zukommen? Ja, es war eine vom Gips verursachte Druckstelle. Da Lars kein Schmerzempfinden an dieser Stelle hat, konnte er uns nichts über den Zustand der Wunde mitteilen. Ein Fenster wurde in den Gips gesägt und wir konnten die Wunde behandeln. Sie heilte sehr langsam. Es war übrigens eine Druckstelle unterhalb der Operationsnarbe, die selbst kaum mehr sichtbar war. Nach weiteren vier Wochen zu Hause war Lars nochmals für acht Tage im Krankenhaus zur Gipsabnahme und zur weiteren Hilfsmittelversorgung. Er bekam einen neuen Gehapparat, Nachtschalen und ein Mieder. Die beiden letztgenannten Hilfsmittel benötigte er um die erzielten Korrekturen des Gipses und die operativen Korrekturen beizubehalten und zu unterstützen.

Die Wunde am Rücken wollte jedoch nicht heilen. Am Tag vor seiner Einschulung entdeckte ich ein glänzendes Stück Metall in der Wunde. ›Aha‹. Auf nach Stuttgart! Was wird da wieder auf uns zukommen? Wird Lars morgen in die Schule können? Muß er vielleicht im Krankenhaus bleiben?

Lars' Papa fuhr mit ihm nach Stuttgart, ich blieb beunruhigt zurück. Am selben Abend kamen die beiden wieder. In der Hand hielt Lars einen Draht. Dieser hatte verhindert, daß die Wunde zuheilen konnte. Nun konnte die offene Stelle doch endlich heilen. Am nächsten Tag konnte Lars eingeschult werden.

Eine große Sache war überstanden, ein weiteres Kapitel begann: die Schule.

Nun waren zwei Kinder im Kindergarten und eines in der Schule. Nur Lara war noch bei mir zu Hause. Ich fing an, Kreativkurse zu geben, um mit anderen Menschen zusammenzukommen und nicht nur ›Behindertenangelegenheiten‹ zu hören. Mein Engagement für die Selbsthilfegruppe in Tübingen hat weiterhin auf verschiedenen Ebenen stattgefunden.

Viele Fragen, die auch die Zukunft von Lars betrafen, beschäftigten mich: Wie wird es in der Schule weitergehen. Werden wir ihn als ›normales‹ Kind in dieser Welt begleiten können?

Ausschnitte von Lars Regelschulzeit

Bei einem Besuchsnachmittag einer Lehrerin im Kindergarten nahm ich Kontakt zu ihr auf, um die eventuelle Einschulung von Lars zu besprechen. Therapeutinnen, Erzieherinnen und wir waren uns einig, daß Lars erst mit sieben Jahren eingeschult werden sollte. Unter anderem, weil er noch diese große Operation vor sich hatte, die mit allen anschließenden Maßnahmen eine lange Zeit in Anspruch genommen hat. So trafen sich im Herbst Erzieherinnen, Heilpädagogin, pädagogische Frühbetreuerin, Ergotherapeutin, Krankengymnastin, zwei Erstklassen-Lehrerinnen, der Schulleiter und wir in der Schule, um die Situation zu besprechen.

Nach ein paar Regelungen – es war ein Schulreifetest durch einen Grundschullehrer durchzuführen, und ein Brief an das Kultusministerium Baden-Württemberg zu schreiben – gingen Lars und ich frohgelaunt einen Schulranzen kaufen, der sich an seinen Rollstuhl anhängen ließ. Bauliche Maßnahmen mußten nicht getroffen werden, da die Grundschule in einem separaten Bau zur Hauptschule untergebracht und frei zugänglich war. Über das Schulamt beantragten wir für Lars sonderpädagogische Lehrerstunden. Diese bekamen wir auch zuerkannt. Der Schulbeförderungsdienst war informiert, da Lars einen weiten Schulweg hat. Eine Lehrerin erklärte sich bereit, diesen ›Versuch‹ durchzuführen. So kam Lars mit zwei anderen Kindern aus seinem Kindergarten in eine Klasse zusammen mit achtzehn Kindern, die als feste Gruppe von einem anderen Kindergarten kamen. Es war der Wunsch des Schulleiters. Er meinte, daß diese feste Gruppe sich gut kenne, also kein so großer Findungsprozeß stattfinden müßte und so mehr Gelegenheit bestünde, Lars zu integrieren.

An mir war es nun Schule, Fahrdienst und Therapien außerhalb der Schule zu koordinieren und zu organisieren. Die Hausaufgabenbetreuung am Nachmittag nicht zu vergessen. Lars' Geschwister waren noch sehr klein und nahmen ebenfalls viel meiner Zeit in Anspruch.

Lars machte die Schule sehr viel Spaß. Er war neugierig auf die neuen ›Dinge‹, die da kamen.

Ich durfte in der Schule hospitieren und eine Stunde mit Werkarbeiten für Weihnachten zusammen mit der Lehrerin gestalten.

So verging das erste Halbjahr sehr schnell. Im Februar trafen sich die Sonderschullehrerin, der Turnlehrer, die Klassenlehrerin, die Krankengymnastin und ich, um unter anderem die Turnstunden zu besprechen. Der Turnlehrer meinte, daß Lars nicht mehr teilnehmen könnte, da die anderen Kinder über den Rollstuhl stolperten. Gerade diese Stunden, in denen die Klassengemeinschaft gefördert wird und Spiel und Spaß im Vordergrund stehen, sollten ohne Lars stattfinden. Ich fand dies absolut nicht gut. So kam ich auf den Gedanken, zur Unterstützung nach einem Zivildienstleistenden zu schauen. Die Frage war zu dieser Zeit, woher man diese Unterstützung bekommt und wer die Kosten dafür übernimmt. Die Schulleitung signalisierte mir, daß der Schule hierfür kein Geld zur Verfügung stünde. Ich wendete mich an das Kreissozialamt, und die Unterstützung wurde genehmigt. Diese Schwierigkeit war behoben. Ein Zivildienstleistender kam nun für fünf Stunden pro Woche sowohl in die Schule, als auch zur Turnhalle.

Da Lars im Unterricht auf Hilfen angewiesen war, z.B. beim Herausholen von Mäppchen und Büchern, waren viele Kinder bereit, dies für ihn zu erledigen. Es gab ein Gerangel darum, wer dies tun durfte und wer nicht.

Lars nahm nun, alleine oder zusammen mit anderen Kindern, sonderpädagogische Stunden. Bald erzählte er mir, daß die Lehrerin zu ihm gesagt habe: »Wenn du das nicht machst, kommst du in eine andere Schule.« Was ist das für ein Druck?!

Im Februar mußte Lars sich spontan einer ungeplanten Operation unterziehen. So war er für zehn Tage im Krankenhaus und zu Hause.

Er brauchte seine Zeit, um den Anschluß wieder zu bekommen, was nicht ganz einfach war.

Immer wieder gab es Gespräche mit der Lehrerin und dem Schulleiter.

So ging das erste Schuljahr zu Ende. Lars hatte neue Freunde gefunden, die ihn besuchten und die er besuchte.

Im neuen Schuljahr durften die Kinder zum Schwimmen gehen. Ein Zivildienstleistender begleitete Lars bei dieser Aktion. Lars hatte sehr viel Freude am Schwimmen. Die Schwimmlehrerin war begeistert und gab uns Tips für das Schwimmenlernen. Lars konnte nun dank der Hilfe der Zivildienstleistenden auch im Unterricht stundenweise im Stehapparat stehen.

In diesem Schuljahr kam eine neue Sonderschullehrerin von der Körperbehindertenschule mit der gleichen Anzahl an sonderpädagogischen Stunden zu Lars. Schon Ende November war klar, daß Lars die zweite Klasse würde wiederholen müssen. Zu dieser Zeit war die Frage, ob ein Zeitungsbericht über Lars und seine Integration veröffentlicht werden sollte. Ganz klar wurde mir vermittelt, daß ich dieses mit dem Oberschulamt abzusprechen habe. Folgender Artikel erschien im ›Schwäbischen Tagblatt‹ am 12. November 1992:

Er macht Purzelbäume ohne Rollstuhl

Ein Schultag im Leben des querschnittsgelähmten Lars Luz, von Christiane Hoyer

»Mensch, die läßt mich nie los!« Mit einem energischen Ellenbogenstoß bugsiert Lars seine Klassenkameradin beiseite und setzt die großen Räder seines Rollstuhls in Bewegung. Während die anderen Eleven über Kästen hüpfen und eine Vorwärtsrolle am Reck probieren, steuert Lars sein Gefährt zu den blauen Matten in der Feuerhägle-Turnhalle. Nur mit viel Kraft gelingt es dem Achtjährigen, sich und seinen Rollstuhl so zu kippen, daß die Räder auf der Matte aufsetzen. »Mit den Armen«, erklärt der Zweitkläßler in der Tübinger Mörikeschule, »greife ich erst nach hinten, und dann drehe ich sie mit den Rädern nach vorne«. Die anderen 23 Schüler klatschen Beifall: »Super, Lars!« Lars Luz ist von Geburt an querschnittsgelähmt.

Er ist mit einem ›offenen Rücken‹ auf die Welt gekommen und mußte gleich nach der Entbindung operiert werden. Was im Fachjargon ›Spina bifida‹ heißt, ist eine Fehlbildung des Rückenmarks, die in den ersten Schwangerschaftswochen entstehen kann. Bei Lars hat sich der Nervenkanal nicht als geschlossenes Rohr herausgebildet, der Junge ist von den Brustwirbeln an gelähmt und kann nur mit Hilfe eines Stützapparats ein paar Schritte gehen. Bis zu seiner Einschulung mußte Lars mehrmals operiert werden, und vor seinem ersten Schultag »lag er wochenlang im Gips«, berichtet seine Mutter Susanne Luz.

Trotzdem ist die 32jährige Erzieherin und vierfache Mutter froh, daß ihr Sohn in eine ganz normale Schule gehen kann. Dieser Integrationsversuch sei zwar für die Mörikeschule ›Neuland‹ gewesen, aber »solange es Lars Spaß macht und er es schafft, soll er hingehen«, findet sie. »Totales Neuland« betrat vor einem Jahr auch der Sportlehrer Michael Bundschuh, der in der Klasse 1a plötzlich nicht nur 23 Fußgänger ›disziplinieren‹ mußte, sondern auch einen Schüler im Rollstuhl fachgerecht unterrichten sollte. In Absprache mit Lehrern, Eltern und einer Sonderschulpädagogin und mit Hilfe von Fachbüchern hat sich Michael Bundschuh über Unterrichtsmöglichkeiten für Lars informiert.

Als alle Schüler vor dem Kasten anstehen, hebt Bundschuh den kleinen Lars aus seinem Rollstuhl auf den schräg gestellten Kasten. Kraftvoll zieht er sich mit den Armen hoch, kriecht anschließend über die Matte und schlägt mit Hilfe seines Lehrers einen Purzelbaum über die niedrige Reckstange. Die Klasse klatscht und verlangt eine ›Zugabe‹. Doch nach einer halben Stunde Ziehen, Schieben und Slalomfahren ist Lars ein wenig müde. »Erst mal ausruhen«, sagt Lars, und dreht sich auf die Seite. Um die Muskulatur zu kräftigen, trainiert er im Sportunterricht auch mit dem Ball. Wenn seine Freundin Julia ihm den über den Boden zurollt, wird's für Lars anstrengend. Einmal nach rechts wälzen, dann wieder auf den Bauch drehen, und zurück damit.

»Lars hat schon große Fortschritte gemacht, besonders beim Ausweichen im Rollstuhl«, findet sein Sportlehrer. Und das ist für den Achtjährigen genauso schwierig wie das gezielte Lauftraining seiner Mitschüler. Denn das Slalomfahren um die eng plazierten bunten Hindernis-Hütchen in der Turnhalle fordert Körperbeherrschung im Rollstuhl. »Das ist nicht so arg schwierig«, findet Lars, der solche Übungen außer in der Sport-Doppelstunde am Mittwoch einmal pro Woche auch in der Kinderrollstuhlgruppe in der Berufsgenossenschaftlichen Klinik macht. Umso schwieriger ist es für Lars dafür, den Basketball in den Korb zu werfen. Während die anderen Zweitkläßler am Reck turnen, versucht sich Lars zusammen mit Julia am niedrig gehängten Basketball-Korb. Immer wieder wirft ihm Julia den Ball zu, und immer fliegt das Leder am Korb vorbei. »Das kann ich noch nicht«, ärgert sich Lars und prellt den Ball auf den Boden.

Zur Abwechslung bietet Michael Bundschuh nach einer Stunde ein Ballspiel im Kreis an, Lars schaut amüsiert zu. Immer, wenn seine Konzentration nachläßt, berichtet der Sportlehrer, kümmert sich neuerdings ein Zivildienstleistender um das »Spina-Kind«. Denn alleine ist das für den Sportlehrer ›schon sehr anstrengend‹. Bis der Familie Luz ein Zivi ›bewilligt‹ wurde, mußte sie allerdings von Pontius zu Pilatus laufen. Die Schule, erzählt Susanne Luz, »hatte dafür kein Geld, das Schulamt auch nicht«. Aber da gerade die Unterrichtsstunden ›mit Freizeitcharakter‹ für ihren Sohn wichtig seien, haben die Eltern schließlich doch noch einen Geldgeber gefunden.

Seit diesem Schuljahr zahlt das Tübinger Sozialamt einen Zivildienstleistenden, der fünf Stunden in der Woche extra wegen Lars in die Schule kommt. Er stellt den Zweitkläßler immer wieder in den Gehapparat und betreut ihn im Sportunterricht. Mit ihm kann Lars auch Sportarten ausprobieren, die sonst im allgemeinen Getümmel zu kurz kommen. Zum Beispiel Tennis oder Fußball. »Das würde ich gern viel öfters machen«, sagt Lars, der an diesem Mittwoch ausnahmsweise ohne seinen Zivi auskommen muß. »Integration ohne Sportunterricht«, sagt seine Mutter, »das wäre ja nur eine halbe Sache«. Und ihr Sohn Lars findet: »Wir haben ein bißchen zu wenig Turnunterricht.«

Ende November fand ein Eltern-Stammtisch statt. Lars war am nächsten Tag sehr böse mit mir, da ich nicht bei diesem Stammtisch war. Wie auch, ich hatte keine Einladung erhalten. Es war offensichtlich vergessen worden, uns eine Einladung zu übermitteln.

Innerlich spürte ich, daß sich etwas verändert hatte. Ich konnte es nicht fassen. Was ging da vor sich?

Integration: nur ein Begriff?

Was hat die Schule für einen Anspruch?

Was haben wir für einen Anspruch?

Ein Beispiel aus der Schule will ich hier nennen:
Die Zehner-Überschreitung wird den Kindern anhand dem Bild einer Leiter beigebracht.

Nun ist Lars noch nie in seinem Leben eine Leiter nach oben geklettert. Hier wäre wohl eine waagerechte Darstellung angebrachter gewesen.

Im Februar nahm ich Kontakt zu anderen Schulen auf, um Möglichkeiten für Lars' Zukunft auszuloten. Gleichzeitig ließ ich Lars von einer Psychologin testen, die sich auf schulische Probleme und Entwicklungen spezialisiert hat. Sie sah keinen Anlaß, Lars nicht weiterhin in der Grundschule zu lassen. Zu seiner zusätzlichen Unterstützung würde sie uns Ergotherapie empfehlen.

Wie anders dachte doch die Sonderschullehrerin, die mir zu verstehen gab, ich solle mir doch mal überlegen, ob Lars nicht am Ende seiner geistigen Fähigkeiten angelangt sei! War das ein Schlag ins Gesicht. Lars braucht längere Zeit, um Aufgenommenes zu verarbeiten. Ich kenne ihn doch schon so lange und weiß, daß er in Etappen seine Lernschritte vollzieht.

Jetzt kam ich in Bedrängnis: ich bin ausgebildete und staatlich anerkannte Pädagogin und ich bin Mutter. Was sah ich hier? Nur die Mutterseite?

Beim Gespräch mit Lars' Lehrerin nach dem Schulhalbjahresbericht wirkte diese sehr nervös und beteuerte, daß sie sich an die Richtlinien halten müsse. Diese hatte der Rektor ihr auferlegt. Zudem hatte er ihr jede Diskussion mit mir untersagt, und daran wollte sie sich halten. Sie hat eine Unterrichtsvorbereitung für 21 Kinder zu machen, und dazu noch eine für Lars.

Im März fand ein Gespräch mit dem Schulleiter, der Sonderschullehrerin, der Klassenlehrerin und dem Konrektor der Körperbehindertenschule statt. Hier erfolgte die Zuweisung von Lars an die Körperbehindertenschule, wegen der vielen Vorteile, die diese Schule bieten könne.

Also wurde hier ganz klar: Diese Grund- und Hauptschule hatte keine Lehrer oder Lehrerinnen, die Lars unterrichten konnten und wollten. Die Körperbehindertenschule würde Lars mehr fördern können.

Mit verschiedenen Personen tauschte ich mich aus: Spina bifida Eltern, die ihre Kinder in Regelschulen haben, aber auch mit Professoren der Pädagogischen Hochschule sowie mit Eltern der Selbsthilfegruppe ›Eltern und Freunde für Integration‹ und einem Vertreter des Oberschulamtes.

Hieraus entstandene Ideen wurden sowohl von der Lehrerin als auch vom Schulleiter abgelehnt.

Es kam hinzu, daß die Sonderschullehrerin ein Baby erwartete, sie die Stunden nun nicht mehr halten, und die Körperbehindertenförderung keine Ersatzkraft bieten konnte. Abgelehnt wurde beispielsweise der Vorschlag, einen Sportstudenten oder einen Studenten der Pädagogischen Hochschule, Fachrichtung Sonderpädagogik, zur Unterstützung zu gewinnen.

Inzwischen hatte die Schulleitung einen Antrag auf Überprüfung von Lars gestellt. Dieser Test sollte von der Körperbehindertenschule ausgeführt werden. So kam der Konrektor der Körperbehindertenschule zweimal zu uns nach Hause, um Lars zu testen:

Wir führten lange Gespräche: Die Schule ist offen für körperbehinderte Kinder, es gibt Rollstuhlsport, Ergotherapie und Krankengymnastik, und vor allem: Lars würde in eine Klasse kommen, in der die Lehrerin unterrichtet, die Lars im ersten Schuljahr als Sonderschullehrerin hatte. Alles hörte sich traumhaft an.

Wir hospitierten in der Körperbehindertenschule. In verschiedenen anderen Schulen hospitierte ich ebenfalls und führte lange Gespräche mit verschiedenen Rektoren.

Eine Entscheidung mußte fallen. Welche? Wieviele Möglichkeiten hatten wir letztendlich?

Im Juni stand fest: Lars wird nicht versetzt werden. Bei einem letzten Gespräch mit dem Rektor wurde mir mitgeteilt, daß diese ganze Angelegenheit ein Politikum sei und ich ja versuchen könne, mit einem Rechtsanwalt die Sache durchzukämpfen. Ganz klar sei, daß die beiden Lehrerinnen, die nach den Sommerferien die zweite Klasse unterrichten würden, Lars wegen der derzeitigen Klassensituation nicht integrieren könnten. Und ich solle jetzt sagen, daß Lars nicht wiederholt. Sein natürlicher Weg sei die Körperbehindertenschule.

Meine Tränen liefen, nicht weil Lars das Klassenziel nicht erreicht hatte, diesen Anspruch hatte ich nicht, sondern weil sein natürlicher Weg nur der Weg zur Körperbehindertenschule sei: *Sein natürlicher Weg ...*

Es gab keine Entscheidungsmöglichkeit. Für Lars blieb nur die Körperbehindertenschule. Dort wurde Lars mit offenen Armen empfangen.

Für Lars ergab sich eine Woche vor Schulende die Möglichkeit, an einer Freizeit teilzunehmen. So entschuldigten wir ihn, und sein Abschied verlief ganz still.

Im Nachhinein sprachen mich einige Eltern dieser Klasse noch an und fragten mich, warum ich denn nie gesagt habe, daß Lars diese Schule verläßt. So konnte ich dann endlich antworten:

Der Schulleiter hat mir verboten, Kontakt zu Ihnen aufzunehmen.

Die Gerüchteküche hätte gebrodelt und, wer weiß, vielleicht hätten die Eltern uns tatkräftig in dieser Situation unterstützt?

Den Eltern war es wichtig mir zu sagen, daß Lars mit seiner Art und Behinderung für ihre Kinder eine Bereicherung war.

Eine Bemerkung möchte ich gerne noch anfügen. Als ich den Schulleiter der Grundschule beim ersten Schultag meiner Tochter, also im Herbst desselben Jahres, wiedersah, meinte er:

»Lars ist bestimmt glücklich in seiner neuen Schule. Sie hat ja auch einen gläsernen Aufzug!«

Ein Kapitel hat sich geschlossen. Ein Ordner war gespickt mit Informationen und Organisationsnotizen sowie mit Gesprächsnotizen und Kopien der Schriftwechsel. Diesen Ordner habe ich heute noch. Gerade habe ich darin gestöbert und gesehen, wieviel Kraft- und Zeitaufwand in diesen zwei Jahren steckten.

Ist Integration in die Regelschule noch immer nur ein Wort?!

Nun kam eine ganz neue Orientierung auf uns alle zu: die Sonderschule.

Ein nächstes Kapitel öffnet sich, welches bis heute noch nicht abgeschlossen ist:

Diese Körperbehindertenschule hat einen Neubau, in dem die jüngeren Schüler und Schülerinnen untergebracht sind. Dieser wurde kurz zuvor fertiggestellt. So durfte Lars im Herbst 1993 in eine neue Schule und in eine neue, nämlich die dritte Klasse gehen.

Mit Wehmut wartete ich mit Lars am ersten Schultag auf den Schul-Bus. Er kam. Es saßen schon fünf Kinder im Bus. Lars sollte der letzte der Tour sein. Schön. So konnten sie gleich bis zur Schule durchfahren und Lars hatte keine zu lange Fahrzeit. Um 7.30 Uhr startete er und kam um 16.15 Uhr nach Hause. Er war müde. Es war anstrengend gewesen.

Mit der Zeit kamen immer wieder Klagen, wie laut die Musik in dem Bus sei, wie die anderen Kinder miteinander streiten, und dann wieder, wie toll die Musik und wie nett die anderen Kinder im Bus seien und: »Mama, stell dir vor, einer hat einen Game-Boy!«.

Schulisch machte Lars keine Fortschritte, und es wurde uns die Frage gestellt, ob wir nicht doch mit der Regelschule einen Fehler gemacht hätten, denn nun hätte Lars keine Lust mehr zum Lernen, ihm fehle die Motivation, er hätte wohl doch sehr unter dem Leistungsdruck gestanden und gelitten. Ach je, jetzt geht's weiter. Die Altersspanne der Kinder in dieser Klasse war doch sehr groß. Es waren elf Kinder, die von zwei Lehrerinnen unterrichtet wurden. Er hatte nun nicht mehr sonderpädagogische Stunden als in der Regelschule.

Kurz vor den Herbstferien kam Lars nach Hause, er hatte Schwimmunterricht im Therapiebad der Schule gehabt. Er war sehr müde und wollte früh ins Bett. Sein Papa zog ihm die Schuhe und Strümpfe aus und rief dann nach mir. Flüssigkeit tropfte von Lars' Füßen. Ich schaute sie mir an. Er hatte sich beide Füße verbrannt. Ich rief den Kinderarzt an, der kurz darauf kam und Lars' Füße behandelte. Zwischendurch versuchte ich zu klären, was denn passiert sei. Lars konnte mir nichts genaues sagen. Erst nachdem ich mit dem Schulleiter und der Lehrerin gesprochen hatte, konnte ich dieses Puzzle zusammmensetzen. Lars hatte sich eine Zeitlang bei der Unterwasserlampe am Rande des Schwimmbades aufgehalten. Diese Lampe war so heiß, daß er sich verbrannte. Ganz deutlich sah man es an der Ausbreitung der Brandblasen, die sich in einem Halbkreis auf seinem Fuß abzeichneten.

Lars mußte nun liegen, konnte keinen Stehapparat anziehen und nicht zur Schule gehen. Weil dies ein Schulunfall war, bekamen wir stundenweise einen Zivildienstleistenden, der mich entlastete. Die Ferien begannen, und Lars lag noch immer. Nach den Ferien durfte er wieder zur Schule.

Mit der Zeit war alles wieder gut verheilt. Nur die Knie waren um einige Grade steifer geworden, da er nicht im Stehapparat stehen konnte, der diesen Versteifungen vorbeugt. So wurde bei der nächsten orthopädischen Sprechstunde ein Termin zur Operation eingeplant. Ich wollte vermeiden, daß Lars zusätzlich noch Therapie in Anspruch nehmen mußte, aber durch diese Gegebenheit bekam Lars nun auch zu Hause Krankengymnastik.

Lisa ging sehr gerne in die erste Klasse dieser Grundschule. Nun hatte ich schon zwei Schulkinder. Wie mag es wohl weitergehen? Nun bekam ich mit der Zeit natürlich auch Vergleichsmöglichkeiten der Unterrichtsstile der Lehrerinnen, hatte Lars doch anders schreiben, rechnen und lesen gelernt.

Mir selber ging es immer noch nicht besser. Meine Psyche war nicht im Einklang mit meinem Körper. Ich wußte oft nicht mehr, wie der Tag vorbeigehen sollte. Ich war depressiv. In einer schweren Phase wand ich mich an eine Freundin. Sie empfahl mir eine Therapeutin. Nach ein paar Therapiestunden wurde mir klar, daß meine psychischen Probleme nicht mit Lars zusammenhängen, so wie alle immer annahmen. Es waren vielmehr Probleme in der Beziehung zu meinem Mann. Da es sich um persönliche Dinge handelt, möchte ich sie hier nicht erwähnen. Ich will nur deutlich machen, daß die anschließende Trennung und Scheidung nichts mit Lars zu tun hatten und nicht an seiner Behinderung festgemacht werden können.

Langsam fing ich an, mich wieder aufzubauen, einfach ich selber zu sein. Insgesamt jedoch kam eine schwere Phase auf uns alle zu. Die Kinder mußten sich neu orientieren, und ich brauchte viel Kraft. Viel Lust hatte ich, mal wieder Motorrad zu fahren, und was mir sonst noch alles sehr viel Spaß machte. Außerdem bewarb ich mich an der Evangelischen Fachhochschule für Sozialwesen in Reutlingen um einen Studienplatz. Im Frühjahr darauf gab ich den Vorsitz der ASbH-Selbsthilfegruppe Tübingen an Eltern mit jüngeren Kindern ab.

Unser Alltag ging weiter. Leoni war inzwischen eine Erstklässlerin geworden und ging zusammen mit Lisa zur Schule. Das Leben wurde vielfältiger, jedes Kind hatte seine Problemchen und Freuden in und mit der Schule, aber auch außerhalb. Lara, meine jüngste Tochter kam in den Kindergarten. Ich genoß die Vormittage, die recht schnell vorbeigingen.

Im Frühjahr 1994 ergab sich, daß Lars mit seiner Schwester in der Badewanne baden und spielen wollte. Ich regulierte das Wasser, welches den beiden dann doch zu kalt war. Sie stellten es selbst wärmer. Dieser heiße Wasserstrahl traf Lars' Füße, und er verbrühte sich den linken Fuß. Es dauerte eine geraume Zeit, bis alles wieder verheilt war.

Weitere kleinere und größere Sorgen kamen und wollten bewältigt sein. So waren Lars Knie inzwischen so steif geworden, daß ein Apparat nicht mehr anzuziehen war. In der orthopädischen Sprechstunde bei Professor Parsch in Stuttgart vereinbarten wir nun einen Operationstermin. Es ergab sich, daß der Operationstermin und mein Studienbeginn zusammenfielen. So stand ich nun vor der Entscheidung: Beginne ich oder nicht?

Lars war inzwischen zehn Jahre alt und begann ganz deutlich zu zeigen, daß auch er Ängste vor dem Krankenhaus hat. Hier ist immer wieder schön zu sehen und zu spüren, wie er sich auf Notwendigkeiten einlassen kann. Gemeinsam besprachen wir unsere Möglichkeiten, beides, meinen Studienbeginn und die Operation, ›unter einen Hut‹ zu bekommen. Am Einweisungstag, dem Tag, an dem viele Untersuchungen für die Operation stattfinden, sowie am Operationstag selbst war ich mit Lars zusammen. Die Operation verlief ohne Komplikationen, und Lars lächelte schon kurz danach wieder, als er in seinem Zimmer auf Station lag. Er ließ sich verwöhnen. So bekam er doch endlich auch einen Game-Boy von seinem Onkel. In den darauffolgenden Tagen fuhr ich das Dreieck Tübingen, Reutlingen, Stuttgart. Lars Schwestern hatten ihren gewohnten Rhythmus. Eine Freundin hatte sich bereiterklärt, sie zu betreuen. Nachmittags konnten sie mit nach Stuttgart fahren, um ihren Bruder zu besuchen. Eine anstrengende Zeit. Wieder Krankenhausatmosphäre. Einige Schwestern kannten Lars noch von seinem letzten Aufenthalt. Dies entspannte die ganze schwierige Situation. Operation und Erholungszeit gingen schnell vorbei, nun kam die Hilfsmittelversorgung. Zunächst einmal mußten Nachtschienen angepaßt werden. Sie sollten in der Nacht getragen werden, damit die Beine gestreckt blieben, also um das Operationsergebnis zu halten und zu unterstützen. Diese Versorgung wurde schon während des Krankenhausaufenthaltes begonnen. Ein neuer Gehapparat wurde anschließend angepaßt. Dies dauert immer etwas länger und erfordert drei- bis viermalige Besuche in der Orthopädiewerkstatt. Eigentlich eine langweilige Zeit: anpassen, warten, anpassen, warten, anpassen; aber wir unterhielten uns, spielten und machten Quatsch, oft zusammen mit den Orthopädiemechanikern. So verging auch diese Zeit, und anschließend bin ich doch jedesmal wieder erstaunt, wie sehr Lars gewachsen ist. Wenn er jetzt in seinem neuen Apparat steht, fällt dies auf. Schön ist es, ihm dann den ›neuen‹ und den ›alten‹ Apparat im Vergleich zu zeigen, damit auch er sieht, wieviel größer er geworden ist. So haben wir am Ende doch ›beides‹ unter den Hut gebracht.

Eine ruhigere Zeit brach an. Gemeinsam saßen wir nachmittags am Tisch und erledigten unsere Hausaufgaben. Selbst Lara das Kindergartenkind, mußte ›Hausaufgaben‹ machen.

Im Frühjahr 1995 trat eine Firma an uns heran. Sie wollten Lars als Modell für einen neue Art von Gehapparat gewinnen. Da er Lust hatte diesen Apparat auszuprobieren, begannen die Vorbereitungen. Lars bekam jedoch bei einer Anprobe dieses Apparates eine offene Druckstelle am Rücken. Mit Hilfe des Kinderarztes fand die Wundversorgung statt. Die Heilung schleppte sich dahin. Es waren inzwischen zwei Monate vergangen, und die Druckstelle war noch nicht verheilt. Eines Sonntagmorgens im Mai sah ich etwas in der Wunde blitzen. Bei Lars hatte sich inzwischen inzwischen Fieber eingestellt. Die Mädchen durften zu Oma und Opa gehen. Mir wurde klar, daß wir wieder nach Stuttgart fahren mußten. Mit meinem Verlaufsprotokoll über die Wundbehandlung machte ich mich, zusammen mit einer Freundin zur Unterstützung, auf den Weg. Ein netter Oberarzt nahm uns in Empfang und behandelte Lars. Wieder hatte sich ein Draht gelöst und mußte gezogen werden. Mit ein paar Stichen wurde die Wunde genäht, und wir konnten wieder heim. Dies ist so einfach dahingeschrieben und doch stecken so viele Gefühle und Ängste dahinter. Eine Ärztin meinte zu mir, wie sinnvoll und hilfreich meine Notizen gewesen seien. Für mich war ganz klar, daß Lars keine unnötigen Untersuchungen brauchte, sondern nur dieser Draht entfernt werden mußte. Wie gut kannte ich meinen Sohn inzwischen.

Trotzdem wollte diese Wunde nicht heilen. So vereinbarten wir eine weitere, die zehnte Operation, die weitere zwei Monate später stattfand. Nachdem Lars sein Medikament für die Operation erhalten hatte, wartete ich mit ihm vor der Türe des Operationsbereiches, und wir überlegten uns, was wir wohl danach Tolles anstellen könnten. So war sein Wunsch: »Mama, ich möchte mit dir zusammen Eis essen gehen!« Die Türe öffnete sich, und Lars wurde in seinem Bett in den OP hineingeschoben. Wieder schloß sich eine Türe vor mir. Warten. Dieses Warten ist qualvoll. Ich malte für Lars eine große Eistüte als Gutschein auf. Dieses Blatt Papier wollte ich ihm an sein Bett hängen. Endlich! Lars geht es gut. Alle Metalle, die bei der großen Rückenoperation benötigt wurden, sind nun entfernt. Nach weiteren zwei Monaten ist die Wunde jedoch noch nicht zugeheilt. Abermals wird genäht. Was war los? Nun ging diese Geschichte schon seit März, inzwischen war es Oktober. Ein Vorstellungstermin bei einem plastischen Chirurgen in Stuttgart wurde ausgemacht. Er erklärte uns, wie er die Wunde schließen wollte. Es wäre eine Operation mit plastischen Chirurgen und Orthopäden gewesen. Ich mußte mich festhalten. Ich weinte. Was kommt da erneut auf uns zu? Woher sollte ich die Kraft nehmen? Wie konnte ich Lars beistehen? Er hatte die Untersuchung miterlebt und war geknickt. Wir fuhren nach Hause und behandelten die Wunde wie zuvor. Die Operation wurde nicht durchgeführt, die Wunde hatte sich bis Mitte November geschlossen.

Lars konnte in diesem Sommer zum dritten Mal im Ev. Waldheim ›Spatzennest‹ drei Wochen seiner Ferien von morgens bis abends verbringen. Hier kam nie die Frage auf, wie machen wir das. Ganz selbstverständlich wurde er in die Gruppe integriert. Es ist schön für Eltern, auch solche Erfahrungen zu machen.

Ohne Probleme konnte er an allen Unternehmungen teilnehmen. Ab und zu kamen Fragen an mich, nicht nur von seinen Gruppenleitern und Gruppenleiterinnen. Sie wollten einfach ein bißchen mehr von ihm und über ihn erfahren. So mancher dieser Kontakte besteht noch heute.

So ging das Jahr 1995 zu Ende. Es war ein langes und sehr anstrengendes Jahr. Bald darauf bemerkte ich, daß Lars Stimme einmal tief und einmal hoch erklingt. Seine körperliche Entwicklung schritt voran. Ich habe die Kontrolluntersuchungen – nach diesen langen Episoden der Unruhe – auf ein Minimum reduziert, um ihm mehr Ruhe zu gönnen und ihn nicht laufend mit Untersuchungen, die im Moment nicht unbedingt erforderlich waren, zu konfrontieren.

Lars ging und geht mal mit Freude, mal mit Ärger in die Körperbehindertenschule. Mal bringt er gute, mal schlechte Arbeiten mit nach Hause.

Ein langsameres Lerntempo ermöglicht den Kindern mehr Spielraum.

Ausflüge und Schullandheimaufenthalte, die Lars viel Spaß bereiten, finden häufig statt.

Die Kooperation von Lehrerinnen und Therapeutinnen ist längst nicht so intensiv wie in der Regelschulzeit. Lars erzählt insgesamt nicht sehr viel über die Geschehnisse in der Schule. Immer wieder verständigen die Lehrer und Lehrerinnen und ich uns per Telefon und an den Elternabenden.

Lars erzählte mir einmal, daß alle in der Klasse ein wenig Schwierigkeiten mit einer Lehrerin haben. Sie hatten beschlossen, an einem Nachmittag den Unterricht nicht zu besuchen. Sie versteckten sich in diesem großen Schulhaus der Sonderschule. Auch hier sind also Streiche machbar!

Deutlich merke ich ihm an, daß er täglich mit vielen Personen konfrontiert wird:

- Zivildienstleistende, die ihn mit dem Bus abholen
- die Kinder, die mit ihm im Bus fahren
- die Klassenlehrerinnen
- der Klassenzivildienstleistende
- die Fachlehrer und Lehrerinnen
- die Therapeuten und Therapeutinnen
- die Klassenkameraden und -kameradinnen
- das Kantinenpersonal
- und weitere

Zusätzlich zum Unterrichtsstoff muß ein Kind hier also auch eine Fülle von Kontakten täglich verarbeiten. Es gibt kaum Ruhenischen für die Kinder. Manchmal kommt Lars richtig geladen nach Hause.

Natürlich finden in der Klasse auch Machtkämpfe statt, dies ist altersentsprechend.

Einen großen Nachteil sehe ich darin, daß die Kinder der Klasse sehr weit voneinander entfernt wohnen und sich nicht schnell mal am Nachmittag besuchen können. So ist doch in der Freizeit kaum Kontakt zueinander da. In der Elternschaft spiegelt sich diese Situation wider. Man sieht sich, wenn überhaupt, nur bei Elternabenden.

Inzwischen kommt Lars an zwei Nachmittagen früher nach Hause. Diese nützt er, um auf den Spielplatz in der Nähe zu fahren, um mit seinen Schwestern zu spielen oder einkaufen zu fahren, sowie mit seinem Computer erfolgreich gegen eine andere Fußballmannschaft zu spielen.

Eigentlich wollte ich, wenn Lars in die Sonderschule geht, ihm keine zusätzlichen Therapien zumuten, weder zu Hause noch in einer Krankengymnastikpraxis. Denn in der Schule steht wöchentlich eine Stunde Ergotherapie und eine Stunde Krankengymnastik auf dem »Lehrplan«. Allerdings werden die Kinder einzeln jede Woche zur gleichen Zeit aus dem Unterricht genommen. Dadurch fehlt ihnen dieser Unterrichtsstoff. Bedingt nun unter anderem durch die Verbrennungen in der Schule, war ich gezwungen, Lars zu Hause krankengymnastisch behandeln zu lassen.

So hat er nun regelmäßig KG zu Hause. Immer wieder muß er sich auf neue Krankengymnastinnen einstellen. Sei es, daß sie aus zeitlichen Gründen aufhören müssen oder eine Babypause einlegen. Es bedeutet immer wieder eine Umstellung für ihn und für mich. Viele Therapeuten müssen sich auch zuerst beispielsweise in den Umgang mit dem Apparat einarbeiten

Da er sehr viel Lust zum Rollstuhlsport hat und dies in der Schule nicht angeboten werden kann, geht er einmal wöchentlich in die Turnhalle. Inzwischen schaut er schon mal beim Training der Rollstuhlbasketballer zu, natürlich versucht er auch, den Ball in den Korb zu treffen.

Seine Fragen in Bezug auf seine weitere körperliche Entwicklung verstärkten sich. So wollte er gerne wissen, ob er auch Papa werden kann. Diese Gespräche mit ihm sind spannend, und lassen auch mich immer wieder zu Auseinandersetzungen mit mir selber kommen.

Im Frühjahr 1996 kam Lars nach einem Schlittentag mit seiner Klasse sehr müde nach Hause. Er erzählte mir, daß sein Bein vom Schlitten fiel. Ich brachte ihn in sein Bett und ließ ihn am nächsten Tag ausschlafen. Wie erstaunt war ich jedoch, als ich dann seine Beine betrachtete: blau angelaufen, geschwollen, doppelt so dick wie sonst. Was war jetzt los? Wir fuhren in eine chirurgische Praxis in unserer Nähe. Die Beine wurden geröntgt. Diagnose: Sprunggelenkbruch rechts und Blutergüsse in beiden Beinen. Eine Art Schiene wurde angebracht. Lars durfte für ein paar Tage zu Hause bleiben. Er konnte jedoch in seinem Apparat stehen, was wesentlich zur Heilung beitrug.

Im April meldete ich mich zu einer Studienfahrt nach Spanien an. Ich freute mich sehr, mit meinen Kommilitonen und Kommilitoninnen eine Woche in Barcelona zu verbringen. Auf unserem Plan standen sowohl Besichtigungen sozialer Einrichtungen, darunter auch eine Behindertenwerkstätte, als auch Besichtigungen der vielen Sehenswürdigkeiten dieser anatolischen Stadt. Es war seit Lars Geburt meine erste Reise, die ich ganz ohne Kinder erleben würde. Die Kinder konnten bei einer Freundin, die selbst eine große Familie hat, diese Tage ohne Mama genießen. Es wirbelten viele Gedanken in meinem Kopf: wie wird es werden acht Tage ohne Kinder, ohne ›Mama ich brauche‹ und ohne ›Mama kannst du mir mal‹, wird alles zu regeln sein? Wir haben diese Zeit alle nicht bereut. Die Kinder erzählten mit Begeisterung, was sie so alles erlebt haben und für mich waren es ungewohnte, aber sehr schöne Tage.

Nicht nur für Lars weitere Selbständigkeit, sondern auch für sein Herz-Kreislauftraining und zur Kräftigung seiner Arme und Schultern, bekamen wir Ende 1993 ein Handbike rezeptiert. Dieses Handbike kann an den Rollstuhl über eine Stange geschraubt werden. Damit wird aus dem Rollstuhl ein großes handbetriebenes Dreirad oder Fahrrad. Sein Dreirad war ihm inzwischen viel zu klein geworden. Die Krankenkasse lehnte uns dieses Rezept ab. Ein Widerspruch unsererseits wurde ebenfalls abgelehnt. So kam es im Juni 1996 zu einer Gerichtsverhandlung vor dem Sozialgericht. Hier fiel die Entscheidung für uns negativ aus, da Lars genügend Hilfsmittel wie Stehapparate, Liegerollstuhl usw. zu seiner Fortbewegung hätte. Es waren jedoch Hilfsmittel, die Lars zu klein waren und somit unbrauchbar, da sie maßgefertigt waren, oder wir hatten sie an das Sanitätshaus zurückgegeben. Er besaß einen Rollstuhl, einen Gehapparat und einen Rollator für zu Hause und einen für die Schule. Nach einigen Überlegungen entschlossen wir uns, diesen Fall an das Landessozialgericht weiterzugeben. Eine spannende Angelegenheit, wie wird sie wohl weitergehen?

In diesen Sommerferien durfte Lars mit seinem Papa nach Korsika fahren. Die Mädchen wollten lieber Reiterferien genießen. Lars erzählte sehr viel von seinem Urlaub, ganz wichtig war für ihn das Baden jeden Tag im Meer. Er ist doch eine Wasserratte!

Alle vier Kinder und ich verbrachten die verbleibenden Ferientage im Ev. Waldheim Spatzennest. Durch mein Studium hatte ich verschiedene Praktika zu absolvieren. So waren die Kinder in ihren verschiedenen Gruppen und ich in der Organisation und Durchführung der Freizeit tätig.

Unser Schul-, Kindergarten- und Studienalltag begann wieder. Lars besuchte schon die 6. Klasse und war das dritte Jahr in der Körperbehindertenschule. Mathematik und Deutsch sind nicht seine Lieblingsfächer, dagegen ist Biologie ein tolles Fach.

Ein Brief flattert bei uns ins Haus. Der Verhandlungstermin beim Landessozialgericht wird uns mitgeteilt. Im Dezember findet die Entscheidung statt – sie fällt positiv für uns aus. Kurze Zeit später erfahren wir, daß die Krankenkasse Revision beim Bundessozialgericht eingereicht hat. So ist diese Entscheidung für oder gegen die Übernahme der Kosten für das Handbike von der Krankenkasse noch vollkommen offen.

Das Jahr 1997 wurde ein ereignisreiches und sehr spannendes Jahr.

Anfang des Jahres lädt Lars alle seine Klassenkameraden und eine -kameradin zu seinem Geburtstag ein. Eigentlich hatte ich bei einem Preisausschreiben der Klasse mitgemacht und der erste Preis war eben diese Einladung. Eine schöne Idee.

Es wurde ein lustiges Fest und für Lars eine Bereicherung, da er außerhalb der Schule zu seinen Klassenkameraden keinen Kontakt hat.

Im Frühjahr leihen wir uns ein Handbike aus und machen eine Radtour – es war richtig schön mit Lars etliche Kilometer zurückzulegen. Die Mädchen hatten ihren Spaß und waren richtig froh, daß auch wir mal eine richtige Radtour unternehmen konnten.

Wenn Lars und ich in die Stadt gehen, bin ich doch immer wieder erstaunt, wieviele Kinder und Erwachsene ihn kennen. ›Hey Lars‹ und ›Hallo Lars‹ tönt es aus vielen Mündern.

Es gibt viele Menschen, die Lars hinterher schauen. An diese Situationen haben wir uns inzwischen alle gewöhnt. Früher konnte ich kaum damit umgehen, wenn Lars Geld zugesteckt bekam mit den Worten: »Da, du Armer, kauf dir ein Eis«. Oder wenn er sogar Spielzeug geschenkt bekam. Heute sehe ich dieses Verhalten auch als Hilfslosigkeit dieser Menschen gegenüber einem rollifahrenden Kind.

In den Pfingstferien fuhren wir zusammen mit einer Freundin und ihren beiden Kindern auf einen Bauernhof am Bodensee. Es gab dort so viele Tiere zu bestaunen und so viel Eis an der See-Promenade, so daß wir uns toll erholen konnten. Lars fand gleich Anschluß bei der Dorfjugend und so war er bis spät abends unterwegs. Leider lag die Ferienwohnung an einem steilen Berg. Dieses hatte uns die Vermieterin leider zuvor nicht mitgeteilt und ich hatte nicht nachgefragt. Das Haus dann selber war über eine Treppenstufe gut erreichbar und die Innenräume ließen genügend Platz für den Rollstuhl.

Nach diesen Ferien wechselte eines der Mädchen auf eine private Schule, damit es sich im künstlerischen und musischen Bereich stärker entfalten konnte. War sie doch das Mädchen, welches sich in dieser Geschwisterfolge sehr stark für Lars mitverantwortlich fühlt.

Von Anfang an war für mich klar, daß ich neben all der Pflege und all den Gedanken um Lars seine Schwestern nicht außer Acht lasse. Ihre Bedürfnisse und Wünsche zu sehen, zu akzeptieren und damit umzugehen ist für mich sehr wichtig.

So hatte auch ein weiteres Mädchen Probleme in der Schule, die sowohl im Zusammenhang mit Lars' Behinderung standen als auch in unserer Familiensituation begründet waren. Sie war innerlich sehr angespannt und trieb viel Unsinn. Nach vielen Gesprächen mit den Lehrerinnen, die immer wieder ihr Verhalten kritisierten, entschloß ich mich, mit ihr eine Psychologin aufzusuchen. Gemeinsam suchten wir verschiedene Möglichkeiten, um sie zu unterstützen. Sie konnte daraufhin eine Klasse noch einmal besuchen, um ihr eine ruhigere Lernzeit zu geben und auch die Chance, sich innerlich zu festigen.

Für Lars stand in diesem Schuljahr noch eine Segelfreizeit am Bodensee an. Da er alles, was mit Wasser zu tun hat, sehr gerne macht, war er auch hierfür Feuer und Flamme. Er wollte also gerne mitgehen und war daher bereit, Kuchen, von den Müttern gebacken, einmal wöchentlich in der Pause zu verkaufen, um damit zur Finanzierung des Aufenthalts beizutragen. Es wurde ein sehr schöner Schullandheimaufenthalt, mit romantischen Segelfahrten am Abend und viel Eis am Tage.

In diesem Sommer verbrachten wir wieder ein paar Ferientage auf einem Bauernhof, dieses Mal jedoch im Hohenlohischen. Die Planung für einen Urlaub benötigt doch einiges an Zeit, da es wichtig ist ein Ferienziel auszusuchen, welches unseren Bedürfnissen entspricht, also weitgehend barrierefrei ist. Lars ist nun nicht mehr so leicht, um ihn über längere Strecken zu tragen und auch seine Selbständigkeit wäre weitgehend eingeschränkt.

Wir unternahmen von diesem Bauernhof aus viele Ausflüge. Alle waren sehr begeistert von einer Falknerei. Flogen doch dort die Adler sehr nieder über unsere Köpfe hinweg. Viele Blicke folgten uns im Waldfreibad. Wahrscheinlich stehen dort seltenst Rollstühle am Beckenrand!

Endlich es ist soweit, auch die Jüngste darf in die Schule. Nun verlassen morgens alle Kinder zu unterschiedlichen Zeiten das Haus. Mein Studium geht dem Ende zu, so benötige ich nur noch 2 Klausuren und eine mündliche Prüfung und natürlich meine Diplomarbeit.

In einer Nacht im Oktober bekam Lars hohes Fieber, trotz Medikamenten blieb es hoch. Ich kontrollierte seinen Urin und der Teststreifen zeigte alle Farben. Toll bunt! So fuhren wir mitten in der Nacht ins Krankenhaus, denn so etwas passiert ja meistens auch noch am Wochenende. Nach verschiedenen Untersuchungen kamen wir um zwei Uhr morgens zur Apotheke und lösten das Rezept ein. Lars meint, ganz cool, ›Mama wohin fahren wir nun zum frühstücken?‹ Hatte dieser Bengel doch tatsächlich an dieser Situation noch Spaß, und Lust, etwas zu unternehmen.

Nun wurde in der orthopädischen Sprechstunde in Stuttgart wieder eine Operation geplant, denn Lars' linke Hüfte war nicht mehr gut beugbar. Über die Wirbelsäule und seine rechte Hüfte versuchte er beim Sitzen einen Ausgleich zu erreichen. Dies war natürlich weder für die Wirbelsäule noch für die rechte Hüfte förderlich. Wir entschlossen uns diese Operation bis ins Frühjahr 1998 zu schieben.

Ich war erleichtert keine Operation bei Lars in diesem Jahr, nur wenig Untersuchungen, nur eine offene Druckstelle und nur eine spannende Nacht. Es sollte ganz anders kommen.

Eine meiner Töchter klagte kurze Zeit später über Bauchweh. Wir fuhren in die Klinik, die Diagnose lautete Blinddarm. Es stellte sich bei der Operation heraus, daß der Blindarm schon durchgebrochen war. So lag dieses Mädchen eine Woche auf der Intensivstation und anschließend noch zwei Wochen auf der Kinderstation. Als Lars sie zum ersten mal besuchen durfte, tauschten sich die beiden ganz toll aus: »Du Lars, hattest du auch so einen Schlauch durch die Nase?« Es waren drei sehr anstrengende Wochen so kurz vor Weihnachten. Die anschließende Genesungszeit dauerte ebenfalls noch eine geraume Zeit. So ging dieses spannende und erreignisreiche Jahr zu Ende.

Im Januar feierte Lars seinen 14. Geburtstag. Jedes Jahr wieder ziehen an diesem Tag doch sehr viele Gedanken und Erlebnisse von seiner Geburt bis zu diesem Tag an mir vorbei. Was hatten die Ärzte einst zu mit gesagt! Was kann Lars doch schon alles bewältigen! Wie hat sich Lars doch entwickelt!

Nun stand ihm dieses Jahr seine elfte Operation bevor, die nun im Februar statt fand. Die Organisation für diesen Klinikaufenthalt in Stuttgart fiel mir schwer. Die Mädchen hatten unterschiedlich Ferien und so durfte ein Mädchen bei einer Freundin sein und die anderen beiden bei Opa und Oma. So konnte ich Lars doch ganztägig begleiten. Am Aufnahmetag liefen verschiedene Untersuchungen und Gespräche. Dieses kennen wir ja schon. Der Operationstag war anstrengend, da einige Notfälle dazwischen kamen bevor Lars an der Reihe war. Eine Türe schloß sich wieder vor mir – ich kann mich an diese Situation einfach nicht gewöhnen. Die nächsten zwei Stunden bummelte ich durch Stuttgart, um mich abzulenken. Als ich zurückkehrte war Lars noch immer im Operationssaal. Warten. Endlich kam der Anruf auf Station: Lars befinde sich im Aufwachraum. Alles war gut gelaufen. Meine Anspannung fiel ab. Die anschließende Zeit auf Station verlief recht lustig für ihn, da er sich mit den Jungs im Zimmer ganz gut verstand. Als er auch noch ein Telefon ans Bett bekam war er ganz und gar glücklich. Für mich bedeutete es täglich eine Fahrstrecke von 100 Kilometern und mindestens eineinhalb Stunden Fahrtzeit. Nach zehn Tagen durfte er wieder nach Hause.

Genau am Geburtstag seiner Schwester, die ihn mit folgenden Worten begrüßte: »Das ist mein schönstes Geburtstagsgeschenk, daß du wieder da bist.«

Nachgedanken

Der erste Band von Lars endete mit:

»Es ist ein langer Weg, der nie zu Ende sein wird, zu akzeptieren, daß man ein behindertes Kind hat, aber man kann langsam, Tag für Tag, lernen, damit umzugehen und das Kind in seiner Persönlichkeit voll und ganz zu lieben.

Es ist oftmals schwierig, mit den immer neu auftretenden Problemen fertig zu werden, aber durch die täglichen Freuden, die Lars uns bereitet, haben wir Kraft, miteinander die Situation anzugehen.

Durch die Erfahrungen, die wir gemacht haben, setzen wir heute unsere Maßstäbe im Leben anders als früher. Aus diesem Grund ist es für uns sehr wichtig, Lars für das Leben zu stärken, ihm Selbstbewußtsein und Lebensfreude zu vermitteln«.

Auch heute denke ich, daß diese Sätze sehr wichtig sind. Lars zu bestärken, ihm Selbstbewußtsein und Lebensfreude zu vermitteln, ist oft eine sehr schwierige Aufgabe für mich, da doch immer wieder Steine im Weg liegen seitens der Schule, seitens der Krankenkasse, ja seitens der Gesellschaft mit ihren Normen und Werten ...

Oft denke ich, daß ich an meine Grenzen gestoßen bin und trotzdem geht es weiter. Das Alltägliche und das Außergewöhnliche verlangen sehr viel Kraft und Energie.

Vielem gerecht zu werden, ist ein enormer Balanceakt. Manchmal wünsche auch ich mir mehr Unterstützung, beziehungsweise einfach mehr Akzeptanz.

Ich habe viele Menschen kennengelernt, auch durch Lars und seine Situation. Menschen, die mir weiterhalfen und helfen. Oft tut ein Gespräch so gut.

Denn nur, wenn ich ›gut drauf bin‹ kann ich auch Lars die notwendige Unterstützung zukommen lassen.

Heute möchte ich sogar sagen, daß es mir leichter fällt, die Situation zu meistern, beziehungsweise die

Herausforderung anzunehmen, als noch vor ein paar Jahren.

Offene Fragen gibt es immer, beispielsweise welche Arztbesuche beziehungsweise Untersuchungen, welche ›Maßnahmen‹ für Lars weiteren Lebensweg wichtig sind. Was entscheide ich hierbei, und welche Entscheidungen soll er, wenn er älter ist, selber treffen? Hier sprechen wir gemeinsam die Möglichkeiten ab, da inzwischen auch er seine Fragen zu bestimmten Situationen hat. Ein Beispiel war die Knie-Operation:

Er fragte mich, ob er nach dieser Operation auch ohne Gehapparat würde laufen können. Ich verneinte und versuchte, ihm zu erklären, daß er jedoch wieder mit einem Gehapparat laufen könne und dieses sehr wichtig für seine inneren Organe sei.

Viele Gedanken mache ich mir über seine Selbständigkeit. Wo benötigt er Unterstützung, wie kann ich sie ihm bieten, und was kann er alleine bewältigen?

Manchmal, auch wenn es mir innerlich weh tut, gebe ich ihm nur dann Unterstützung, wenn er gar nicht mehr weiter kommt. Natürlich gibt es auch Ausnahmen, beispielsweise morgens, wenn die Zeit drängt, und der Schulbus bald kommt.

Eines Tages sagte er zu mir: »Mama, manchmal möchte ich auch gerne laufen können.«

Meine Kinder und ihre Gedanken

Lars

Lars hat sich inzwischen von einem kleinen Schlingel mit viel Charme zu einem Jugendlichen entwickelt.

Er läßt die Arztbesuche und Untersuchungen nicht nur über sich ergehen, sondern kann seinen Spaß daran haben. Er hat Varianten gefunden, um sich damit auseinanderzusetzen. Zum Beispiel sagt er zu mir: "Wenn ich schon viel trinken muß, damit man meine Blase besser sehen kann, dann will ich eine Cola haben!«

Er hat seine Träume und möchte gerne einmal im Fußballtor stehen. Im Spatzennest wurde es ihm ermöglicht, aber letztendlich sucht er sich diese Möglichkeit beim Computer-Fußball-Spiel.

Mit angestauten ›Aggressionen‹ lernt er umzugehen. Er brüllt, wirft etwas herum oder kann mit dem Rollstuhl über Gegenstände fahren. Angebote von mir, z.B. einen Schaumstoff an die Sprossenwand in seinem Zimmer zu binden, damit er dagegenschlagen kann, oder aber auch einen Boxsack aufzuhängen, findet er noch »doof«.

Inzwischen ist er doch schon ein Stück weiter, denn vor kurzer Zeit wollte er gerne einen Stein zum Bearbeiten, den ich im Freien aufstellen sollte. Mit seiner Wut, seinem Ärger, einem Hammer und Meisel fuhr er in den Garten und klopfte einen Ytong-Stein.

Seine körperliche Entwicklung, seine körperliche Reife gibt uns neue Anregungen und Erfahrungen. Ein Zwiespalt entsteht dann, wenn es zwischen uns Meinungsverschiedenheiten gibt, und sowohl er als auch ich genau wissen: nachher benötigt er meine Hilfe bei der Pflege. Hier versuche ich zu trennen, was nicht immer leicht ist. Manchmal sind seine Schwestern bereit, hier einzuspringen.

Auch er hat ein Bedürfnis nach Abgrenzung. So wollte er gerne eine Abtrennung in seinem Zimmer, um für sich alleine sein zu können.

Lars' Schwestern: Lisa, Leoni und Lara

Lars Schwestern sind inzwischen auch Persönchen mit eigener Meinung und nicht mehr nur die »putzigen« Kleinen. So gibt es Kämpfe zwischen Lars und ihnen, genauso wie bei den Mädchen untereinander. Sie haben Lars, so wie er ist, als ›Lars‹ akzeptiert.

Eine Begebenheit: Lisa hatte im Unterricht eine Einheit über alte und behinderte Menschen. Sie kam ganz aufgeregt nach Hause, als sie über ein zu beatmendes Kind gesprochen hatten. »Mama, das ist schlimm« sagte sie. Ich fragte, ob sie das bei Lars ähnlich empfinden würde. Nein, er war für sie vollkommen o.k.

Wichtig für mich war und ist, auf die Mädchen einzugehen und sie jede für sich, aber auch gemeinsam zu betrachten.

Aktivitäten besprechen wir gemeinsam, um zu sehen, wie wir sie durchführen können.

So kann es sein, daß Lars beispielsweise mit seinem Onkel geht, wenn wir einen längeren Waldspaziergang machen. Oder wir gehen gemeinsam und nehmen nur die »ebenen« Waldwege.

Gerne möchten sie Lars' Steh- und Gehapparat ausprobieren, mit dem Rollator oder an Stöcken laufen. Ebenso fahren sie gerne mit dem Rollstuhl oder dem handbetriebenen Dreirad. Ich war erstaunt, wie wendig sie mit diesen Fahrzeugen umgehen. Lara sagte neulich zu mir: »Ich möchte auch behindert sein, da kann man mit sooo vielen Sachen gehen.«

Ein Balanceakt ist es, daß die Mädchen sich frei entfalten können und trotzdem ihren Bruder achten, ihm Hilfeleistungen anbieten oder verwehren. So ist für die Mädchen ganz klar, daß Lars beispielsweise den Tisch zum Essen deckt, aber auch, daß sie den Sprudel im Keller holen, da er dorthin nicht kommen kann.

Natürlich verarbeiten die Mädchen die Situation mit Lars unterschiedlich.

Eine der Schwestern nahm ihre Puppe und zog ihr Lars alten Stehapparat an und eine Hose darüber. So wurde die Puppe – sie kann nämlich nicht laufen – überallhin mitgenommen.

Eine Zeitlang meinte eine von ihnen, sie könne nicht auf das WC gehen und brauche eine Windel. So machte sie es.

Auch war eine bereit, in der Schule der Lehrerin zu erzählen, sie habe zu Hause für Lars soviel tun müssen, daß sie ihre Hausaufgaben nicht machen konnte.

Wichtige Verarbeitungsprozesse werden bei allen durch Lars Operationen ausgelöst. Bisher war es sehr wichtig, hinterher gemeinsam »Arzt« zu spielen. Solange Lars im Krankenhaus liegt, malen sie ihm Bilder oder schreiben ihm, ohne eine Anregung von mir.

Lars

Im Kindergarten hatte ich viel Spaß. Ich konnte viel mit den anderen Kindern spielen. Die Kinder haben mich auch im Rolli geschoben.

In der Schule war es schön, ich hatte dort viele Freunde, die ich jetzt nicht mehr habe. In der Pause haben die Jungs Fußball gespielt, und ich schaute ihnen zu.

In der Sonderschule geht es mir einigermaßen gut. Ich bin schon in der sechsten Klasse. Ich lerne dort viele Menschen kennen, zur Zeit ist eine nette Praktikantin dort.

In das Spatzennest gehe ich jedes Jahr sehr gerne. Wir unternehmen tolle Dinge, zum Beispiel, Stocherkahn fahren, ins Freibad gehen, Übernachten und auf der großen Wiese spielen. Ich mache viele Späße mit den Gruppenleitern. Auf der Abendbühne habe ich schon gesungen und Sketche vorgeführt – das war schön.

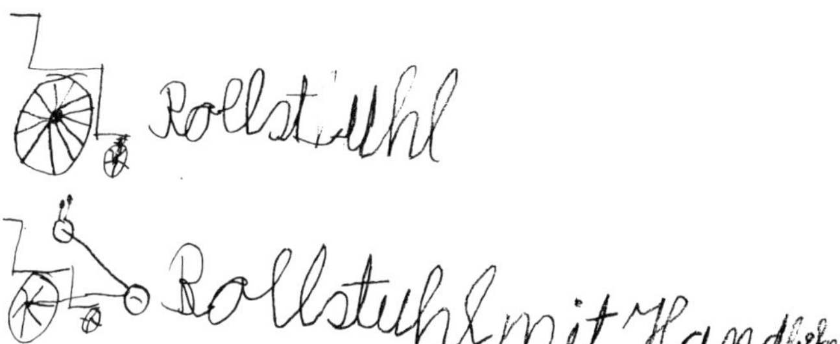

Oberlandes-Gericht

Am 3.12.96 fuhr ich mit Opa und
Mama noch Stuttgart. Um 10^{00} Uhr
war Termin. Es ging um mein Handbike.
Es woren ein Richter ein Herr von
der Krankenkasse und ein
Herr von Vdk da. Es war ein sehr
freundlicher Richter. Wir hatten sehr
viel Glück und Mama ist sehr
zufrieden. Anschließend gingen
wir über den Weihnachtsmarkt.

Ich fahre gerne mit meinem Rolli – so schnell wie Michael Schumacher, der Formel-1-Pilot.

Ich fahre auch in die Stadt und zur Post. Wir gehen auch in Geschäfte. Manchmal muß ich einen Umweg fahren, damit ich in ein Geschäft komme. Wenn das Geschäft einen Aufzug hat, ist es toll, denn dann kann ich auch in die oberen Etagen. Einmal fuhr ich mit dem Warenaufzug.

Wenn wir in der Stadt sind, gehen wir auch Eis essen und schauen uns Bücher an. Wir müssen immer durch die Unterführung fahren. Da ist ein großer Berg, und ich brauche noch Hilfe, um da durchzukommen.

Für dieses Buch war auch jedes der Mädchen bereit, ihren Beitrag zu leisten, in Worten oder Bildern. Eine brauchte eine längere Zeit um mitzumachen, hat sich aber letztlich doch dafür entschieden. Folgende Seiten wurden von den Kindern gestaltet:

Mein Bruder Lars

Hallo Leute!

Ich bin Lisa, Lars Schwester. Von dem habt ihr schon gehört. Jetzt hört ihr von mir.

Ich bin Lisa Luz, Lars Schwester und bin 10 Jahre alt. Ich bin blond und habe braun-grüne Augen.

So, jetzt wißt ihr auch von mir!

Ich möchte euch sagen:
Lars und ich, wir haben schon viel erlebt. Wir waren im Europa-Park Rust, Zoo ›Wilhelma‹, in Österreich und und und.

Mir stinkt es manchmal bis zur Nase hoch, wenn Leute kommen und sagen: O Gott, der Arme, der tut mir sehr leid, ojemine. Oder: wenn jemand sagt: Igitt der sitzt in diesem Ding, der ist ja blöde, der ist behindert, der ist blöd. Nur weil er behindert ist? Oder warum sagen das die Leute?

Was ich süß finde, ist, wenn kleine Kinder fragen: Mutti was hat der?

Mit Lars kann man auch lustig spielen mit dem PC, Ball, Fangi und vieles mehr.

Tschüss bis zum nächsten Lars-Heft

Eure Lisa

Mein Bruder Lars

Er ist behindert an den Beinen.

Man kann gut mit ihm spielen, und er kann mit uns spielen.

Mein Bruder hat auch einen Computer. Genauso wie meine Mutter. Sie hat nämlich auch einen Computer.

Er ist 14 Jahre alt und im Rollstuhl.

Ich habe zum Geburtstag auch einen Computer bekommen.

Lars und ich haben Computer gespielt. Wir spielten ein Fußballspiel. Lars hat gegen mich gewonnen. Er siegte neunmal und ich nur einmal.

Ich und Lars fuhren mal zum Spielplatz. Lars mit seinem Rollstuhl, und ich mit meinen Inlines (Roller Skates). Wir haben beredet, daß irgend jemand schneller wieder zu Hause ist. Ich fuhr los mit den Inliners. Ich bin Treppen hinunter gefahren zwischen den Häusern und Lars blieb dort. Ich kam zu Hause an und Lars kam nicht. So fuhr ich nach zwei Minuten wieder zurück und ich habe gesehen, daß Lars nicht angestartet ist. Zusammen sind wir wieder heimgefahren. Lars startete nicht, weil ich eine andere Richtung, nämlich über die Treppen fuhr. Und Lars konnte die Treppen nicht hinunterfahren.

Lars kann nicht so viel wie die anderen Kinder, weil er im Rollstuhl ist. Er kann das Geschirr aus dem oberen Regal nicht holen.

Bei Spaziergängen, wenn wir einen Berg hoch gehen, helfe ich, Lars zu schieben. Das mache ich manchmal gerne.

Ich wünsche mir einen Hund, und Lars wünscht sich ein Schwein. Meine Mama mag gerne Eisbären.

Ich gehe gerne Schwimmen, fahre Roller Skates und spiele so oft es geht mit Omas Hund.

Lars schaut gerne Fußball und Formel-1 im Fernsehen an.

Leoni

Ein paar Worte von Lara, der sechsjährigen Schwester von Lars, notiert von mir:

Mit Lars kann man gut Ball spielen. Der Lars wirft den Ball in die Luft. Wer schneller am Ball ist und ihn fängt, darf wieder werfen.

Mit Lars kann man auch gut Playmobil spielen. Entweder liegt Lars im Bett, oder wir helfen ihm auf den Boden. Im Bett geben wir ihm die Figuren, am Boden holt er sie sich selber oder wir geben sie ihm.

Ich fahre gerne mit Lars seinen Fahrzeugen.

Mit dem Rollbrett. Da setze ich mich drauf und schiebe mit meinen Füßen an.

Mit dem Ding, mit dem man so macht (handbetriebenes Dreirad), setze ich mich rein und tue die Hände auf das Teil und gehe los.

Mit Lars seinem Rollstuhl fahre ich sehr gerne. Und im Rollstuhlsport, wenn ich mitgehen kann, suche ich mir einen Rollstuhl aus. Die Rollstühle sind viel zu groß für mich, aber ich kann trotzdem toll fahren.

Was ich voll gut an Lars Namen finde ist, er hat ein L, ich habe ein L. Er hat ein A, ich habe ein A. Er hat ein R, ich habe ein R. Er hat ein S, ich habe ein A.

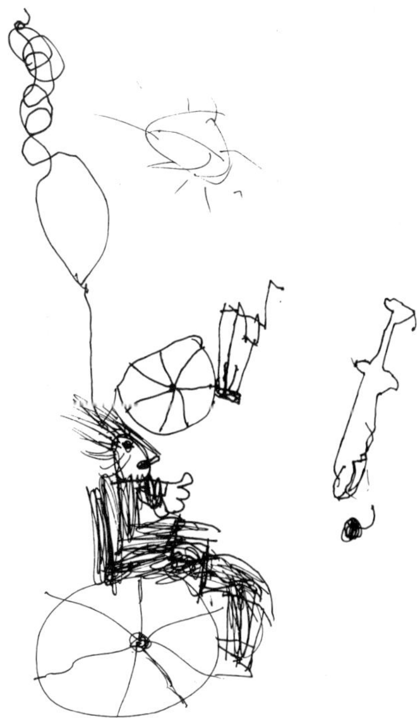

Ein Zeitungsartikel über unsere Familie. Er soll anregen, sich selbst Gedanken zu machen:

Zehnmal operiert und doch voller Lebensdurst

Der Alltag eines Spina-bifida-Kinds / Von Barbara Thurner-Fromm

»Wer heute für aktive Euthanasie eintritt, tut das aus mitfühlender Anteilnahme am Leiden von Individuen.«

»Irgendwo müssen wir die Grenze ziehen. Bei begrenzten Ressourcen können wir nicht mit unbegrenzten Mitteln um jedes Leben kämpfen. Mehr Geld für schwerstgeschädigte Neugeborene bedeutet weniger Geld für andere Bedürftige.«

(Der ›Bioethiker‹ Peter Singer in seinem Buch »Muß dieses Kind am Leben bleiben?«)

Lars ist mal wieder richtig geladen. Wie so oft, wenn er spät nachmittags aus der Schule kommt. Dann will er bloß schnell auf den Spielplatz. Irgend jemanden zum Spielen findet er immer. Manchmal sind ja auch schon Lisa und Leonie, seine zehn und achtjährigen Schwestern, dort, und Mama kommt mit der fünfeinhalbjährigen Lara auch dazu. Ein Knopfdruck, und die Hebebühne am Hinterausgang der Wohnung schwebt herauf, mit routinierten Handgriffen schiebt sich der Junge drauf, auf Knopfdruck schwebt er den guten Meter hinunter, öffnet die Türe, und schon kann's losgehen. Lars ist ein aufgeweckter, lebhafter Junge, der gern den VfB anfeuert und sich mit seinem Computer beschäftigt. Er ist ein Junge mit all den Wünschen und Interessen, die zwölfjährige Buben so haben, und all den

Fragen, die Jugendliche umtreiben, wenn sie in die Pubertät kommen. In einem allerdings unterscheidet er sich von anderen: Lars kann seine Beine nicht benutzen. Er ist zeitlebens auf den Rollstuhl angewiesen. Der Blondschopf, dessen Augen hinter Brillengläsern wach in die Welt gucken, ist von Geburt an querschnittsgelähmt.

Lars wurde mit einem offenen Rücken (Spina bifida) geboren. Seine Mutter, Susanne Kurz, erinnert sich noch allzugut an den Schock, daß sie ihr Wunschkind nach der Geburt nicht auf den Bauch gelegt bekam, sondern erst viel später eingewickelt in den Arm nehmen konnte. »Hoffentlich darf Ihr Kind sterben«, habe man ihr gewünscht. Nicht auf der Wöchnerinnenstation fand sich die damals 23jährige Erzieherin nach der Entbindung wieder, sondern in einem Zimmer, in dem Frauen mit gynäkologischen Operationen lagen. Nach und nach erfuhr sie, was mit ihrem Kind los war. »›Er wird das nie können und jenes nicht‹, sagte man. Es war, als ob ein Luftballon nach dem anderen platzt«, beschreibt sie die Hiobsbotschaften, die sie anfangs förmlich lähmten. Als eine ältere Zimmernachbarin ihr zuraunte, »unter Hitler hätte es so was nicht gegeben«, und sie Medikamente gegen den Milcheinschuß nehmen sollte, »weil das Kind eh nicht überlebt«, kehrte ihre Energie allerdings zurück: »Noch lebt Lars, also bekommt er auch meine Milch«, habe sie entschieden. Noch am Tag seiner Geburt wurde sein Rücken operativ geschlossen, neun weitere Operationen folgten bis heute.

»Nur rund fünf Prozent der Spina-bifida-Kinder sind nicht lebensfähig«, erläutert Professor Parsch, Ärztlicher Direktor der Orthopädischen Klinik am Stuttgarter Olgahospital, »die übrigen können mit den heutigen medizinischen Möglichkeiten eine durchschnittliche Lebensdauer von 60 Jahren erreichen.« Vier bis fünf von 10000 Kindern werden mit der Behinderung geboren, über deren Ursache bisher wenig bekannt ist. Sie wird durch verschiedene Gene rezessiv vererbt, Mädchen und Jungen sind fast zu gleichen Teilen davon betroffen. In Schottland und Wales, wo die Behinderung fast zehnmal so häufig auftrat wie hierzulande, habe man durch die Gabe von Folsäure an Frauen im gebärfähigen Alter eine drastische Reduzierung der Fälle erreicht, berichtet Parsch. Auch in Deutschland werde diese Prophylaxe bald eingeführt werden. »Zum Bild von Spina bifida gehört neben der unterschiedlich stark ausgeprägten Querschnittslähmung auch die zum Teil komplette Blasen- und Darmlähmung und der Wasserkopf«, so Parsch. Der Grad der Behinderung ist allerdings sehr unterschiedlich. Durch ein implantiertes Ventil können die Wasseransammlungen im Kopf in den Bauchraum abgeleitet werden. Entscheidend für die geistigen Fähigkeiten sei, wie gut die Ableitung funktioniere. In rund 20 Prozent der Fälle sei auch eine geistige Behinderung festzustellen. Der europaweit anerkannte Fachmann und Autor des deutschsprachigen Standardwerks über diese Behinderung schätzt den Anteil der Betroffenen, die als Erwachsene »gut integriert, als Selbstversorger ein selbständiges Leben führen können«, auf zehn Prozent. Rund 40 bis 50 Prozent könnten mit ihrer Behinderung ›beschränkt selbständig‹, etwa in betreuten Wohngruppen oder mit der Familie im Hintergrund, leben. Die übrigen bräuchten darüber hinaus Hilfe – etwa in Behindertenwerkstätten. Entscheidend für die künftige Perspektive der Kinder sind seiner Ansicht nach Betreuung, Pflege und Förderung.

»Bioethiker« wie John Lorber, der in den 70er Jahren Kriterien für die Selektion schwerstbehinderter Kinder aufstellte, die nicht behandelt werden sollen, stellen das Lebensrecht von Spina-bifida-Kindern in Frage. Der australische Philosoph Peter Singer geht sogar noch einen Schritt weiter. Er befürwortet in schweren Fällen die Euthanasie. Die Kinder gleich nach der Geburt zu töten sei humaner, als sie nicht zu behandeln. Sie leben zu lassen sei aber gleichbedeutend mit sie leiden zu lassen.

Klaus Parsch hält diese Thesen für unvertretbar. Er verfolgt die Entwicklung seiner Patienten über viele Jahre, ja Jahrzehnte hinweg und hat deshalb einen sehr guten Einblick in die vielen Probleme und Beeinträchtigungen, denen diese Kinder und ihre Familien ausgesetzt sind. Er weiß aber auch um die Chancen und die Lebensfreude von Betroffenen. Susanne Kurz gerät in Wut, wenn sie auf Singers Thesen angesprochen wird. »Das ist eine Frechheit. Ich sehe doch, was Lars alles kann, wie er sich freut, was auch von ihm an Liebe zurückkommt.« Sie hat sich deshalb überlegt, Anfang Mai zu einem Kongress nach Heidelberg zu fahren, auf dem Peter Singer einen Vortrag halten sollte. Dazu wird es nun nicht kommen, massiver Widerstand von Behindertenverbänden und angekündigte Protestaktionen haben die Veranstalter veranlaßt, Singer wieder auszuladen. »Statt zu diskutieren, ob Behinderte ein Lebensrecht haben, sollte die Gesellschaft endlich lernen, mit ihnen umzugehen«, fordert die 36jährige, die seit ihrer Scheidung vor gut zwei Jahren ihre Kinder allein erzieht, Sozialpädagogik studiert und zur Finanzierung des Studiums Kreativkurse gibt. Sie hat in Tübingen eine Bereichsgruppe der bundesweiten ›Arbeitsgemeinschaft Spina bifida und Hydrocephalus‹ gegründet. »Erst die Gesellschaft macht aus Behinderten Behinderte«, meint sie. So wäre die Tübingerin schon froh, wenn Lars wieder die Regelschule besuchen könnte. Weder im Tagheim, in das er mit eineinhalb Jahren kam, noch im Kindergarten hat seine Behinderung für die anderen Kinder eine große Rolle gespielt. In die Grundschule allerdings wurde er erst nach etlichen Mühen und zahlreichen Gesprächen aufgenommen. Als er gegen Ende der ersten Klasse nach einer Operation abhängte, sei der Rektor nicht damit einverstanden gewesen, daß der Junge die Klasse wiederholt.

Seither geht Lars in die Behinderten-Sonderschule in Mössingen. Sie ist darüber nicht glücklich. »Und ich glaube, Lars ist es auch nicht.« Er habe keine richtigen Kameraden mehr in der Umgebung. Wenigstens sei Lars kein Einzelkind geblieben. Seine Schwestern sind ihm wichtig. »Wenn Lars jemand Süßigkeiten zusteckt, sagt der sofort, ›ich hab aber noch drei Geschwister‹.«

(Stuttgarter Zeitung, 6. April 1996)

Kontaktadressen

Arbeitsgemeinschaft Spina bifida und/oder Hydrocephalus e.V.
ASbH Bundesverband
Münsterstr.13
44145 Dortmund
Tel. 02 31/86 10 50-0

Unter dieser Adresse sind alle Selbsthilfegruppen in Deutschland zu erfragen, ebenfalls die Kinder/Jugendlichen Rollstuhl-Mobilitäts-trainings-Kurse. Außerdem gibt es breitgefächerte Informationen über Spina bifida *und* Hydrocephalus.

Firmen, die Hilfsmittel herstellen beziehungsweise vertreiben:

Inkontinenzartikel
Medical Service
Vertriebs-Gesellschaft mbH
75378 Bad-Liebenzell-Unterhaugstett
Luisenstrasse 8
Tel. 0 70 52/40 31 00

Orthopädietechnik
Weber & Greissinger
Inh. G.Gommel
Schloßstrasse 68
70176 Stuttgart
Tel. 07 11/61 67 82

Rollstuhlkleidung
Inpetto
Obenitterstrasse 21
42719 Solingen
Tel. 02 12/2 30 91 93

Rollstuhl
Pro Activ Reha-Technik GmbH
Im Hofstätt 11
72359 Dotternhausen
Tel. 0 74 27/9 48 00

Handbike (Zusatz zum Rollstuhl)
Handbike-Team
Birkenweg 11
71116 Gärtringen
Tel. 0 70 32/2 34 40

Weitere Literatur

Bilderbücher

A. Richter, F.-J. Huainigg, Meine Füße sind der Rollstuhl, Ellermann Verlag, München 1992.
Tagesablauf eines Mädchen im Rollstuhl, in kurzen Sätzen beschrieben und mit Zeichnungen untermalt. Sie begibt sich auf eine Einkaufstour. Bei dieser wird ihre Realität beschrieben, Leute drehen sich um, Geld wird ihr zugesteckt, ... und ihr Ausspruch »Ich bin doch nicht anders als andere« Sie findet bei ihrer Tour einen Freund. Gemeinsam ist vieles leichter zu ertragen.

W. Harranth, A. Kaufmann, Peter ist der allerkleinste Riese, Verlag Jungbrunnen, Wien 1986.
In diesem Buch wird ein Junge dargestellt, der an einem Bein eine Schiene trägt. Dies wird aber erst später ersichtlich. Beachtet wird die wöchentliche Therapie (Bewegungsbad, Krankengymnastik) und das Ausprobieren beziehungsweise das Wagnis, Kettcar zu fahren. Schön ist die Zeichnung und Darstellung einer Gehschiene. Der Text ist sehr verniedlich dargestellt.

Kinderbücher/Jugendbücher

R. Schario, Alle lieben Malle, Ensslin, Reutlingen 1991.
Die Geschichte handelt von Zwillingen. Markus (Malle) und Trixi. Malle sitzt im Rollstuhl und geht in die Sonderschule, während Trixi Fußgängerin ist und in die Regelschule geht. Gemeinsame Erlebnisse veranlassen sie und ihre Freunde, einen Brief an den Herrn Minister zu schreiben, damit Malle in die gleiche Schule gehen kann.

E. Laird, Ben lacht, Oetinger, Hamburg 1991.
Anna ist zwölf, als ihr Bruder Ben geboren wird. Sie erzählt rückwirkend von seiner Geburt und von seiner Behinderung. Sie hat sich beim ersten Anblick in ihn verliebt. Erst später fällt die Diagnose »Hydrocephalus«. Sie berichtet von seinem kurzen Leben, von den Schwierigkeiten unter Geschwistern und vom Verhältnis zur Mutter. Ihren weiteren Lebensweg bezieht sie mit ein, ebenso die Reaktionen der Gesellschaft und das Kennenlernen eines Kindes mit Down-Syndrom. Ein bewegendes Buch. Für Geschwisterkinder ein gutes Buch zur Identifikation.

R. Welsh, Wer fängt Kitty?, dtv Junior, München 1992.
Ab 6 Jahren
Eine Geschichte, bei der behinderte und nichtbehinderte Kinder miteinander spielen. Kitty ist eine Katze, und Maxi ein Mädchen im Rollstuhl. Schön an diesem Buch ist schon das Deckblatt, welches unter anderen Kindern auch Maxi mit dem Rollstuhl zeigt.

R. Welsh, Drachenflügel, dtv junior, München 1992.
Anne hat einen behinderten Bruder. Sie zieht sich von Freunden zurück, weil sie ›die mit dem behinderten Bruder ist‹. Eine Freundin ist hartnäckig und läßt sich nicht abschütteln.
Dieses Buch deckt ganz deutlich einen Konflikt auf, in dem Geschwister eines behinderten Kindes stehen können.

R. Westermann, Heiße Reifen, Bitsch Verlag, Birkenau 1995.
Heiße Reifen – Geschichten eines ungewöhnlichen Rollstuhls
... über die man erstaunt sein wird
... die man nicht einfach vergessen kann
... die zum Nachdenken anregen
... über die man reden sollte
Die Geschichte beginnt mit einem Rolli, der in einem Sanitätshaus steht und auf einen kleinen Jungen wartet, für den er bestimmt ist. Gemeinsam erleben sie viele Abenteuer.
Dieses Buch wurde von der Mutter eines körperbehinderten Jungen geschrieben.

S. Rück, Freundin auf Rollen, Herder, Freiburg i.Br. 1995.
Ab 10 Jahren
Nele ist umgezogen. Sie vermißt ihre alte Umgebung. Da lernt sie Kirsten kennen und diese ist anders: Sie sitzt im Rollstuhl. Nele will Rollstuhlfahren lernen und hat so ihre Schwierigkeiten damit. Sie fällt heraus, jemand möchte ihr helfen und sieht: Dieses Mädchen kann ja laufen! Kirsten besucht die Sonderschule und ist nachmittags erst später zu Hause als Nele. So entzweien sich die beiden wieder ein Stück. Eines Tages bei einem Ausflug springt Nele die Treppen einer Burg hinunter und landet zuerst auf den Beinen und dann auf dem Po. Im Krankenhaus wacht sie mit zwei großen Gipsen an den Beinen auf. Kirsten leiht ihr ihren alten Rollstuhl. Nele darf mit Gips und Rollstuhl nicht in die Schule, die Schulleitung will es nicht. Kerstin und Nele schmieden einen Plan. Nach Neles Gipszeit beschließen sie, zusammen mit Neles Klassenkamerаden/innen einen Brief an den Bürgermeister zu schreiben, damit Kerstin in diese Klasse im Wohngebiet gehen darf. Dieses Buch hat ein gutes Ende.

M. von der Grün, Vorstadtkrokodile, rororo, Reinbek bei Hamburg 1978.
M. von der Grün hat dieses Buch über eine Bande von Kindern, darunter ein behindertes Kind, mit dem Erkennungszeichen »Krokodil« geschrieben. Sein eigener Sohn sitzt selbst im Rollstuhl und ist auf Freunde angewiesen ist. Gut geeignet für alle Kinder.

K. Ellis, Kopf hoch, Maya!, Degrassi Junior High, Goldmann Verlag, München 1993.
Ein Roman aus Kanada. Er basiert auf Figuren und Geschichten aus einer Fernehserie, die in Kanada und den USA sehr beliebt ist.
Maya, ein sechzehnjähriges Mädchen im Rollstuhl, nimmt sich für diesen Sommer sehr viel vor. Einen Job und einen Freund möchte sie haben. Die Geschichte beginnt ...

D. Hill, Bis dann, Simon, Anrich Verlag GmbH, Weinheim 1995.
Ein Roman für Jugendliche. Simons ›Auto‹ ist sein Rollstuhl. Und Nathan, sein Freund, kommt ganz schön ins Schwitzen, wenn er ihn schieben muß. Simon hat Muskelschwund, doch oft vergessen die Freunde Simons Krankheit, dann sind andere Dinge einfach wichtiger: die Schule, die Freunde, die Mädchen ...

Körperlichkeit/Aufklärung

M. Gomboli, von K. Weber ins Deutsche übertragen, Schau hinein: In den Körper, Favorit-Verlag, keine Jahreszahlangabe.
In einfachen Sätzen und Bildern werden die Organe des Körpers Kleinkindern erklärt.

Aus dem französischen von I. Kuhn und K. Tödt-Rübel, Was mein Körper alles kann, O. Maier, Ravensburg 1992.
Dieses Buch beinhaltet: alles von der Entstehung des Menschen über den Knochenbau, das Nervensystem, die Sinnesorgane bis hin zum Kranksein.

G. Fagerstron und G. Hansson, Peter, Ida und das Minimum, O. Maier Verlag, Ravensburg 1979.
Es ist ein sehr schönes Aufklärungsbuch für Kinder. Einen netten Reiz hat die comicartige Aufmachung des Buches.

F. Herrath/U. Sielert, Lisa & Jan, Beltz Verlag, Weinheim 1991.
Ein Aufklärungsbuch für Kinder und ihre Eltern. Diesem Buch liegt eine Informationsbroschüre für Eltern bei.

Schülerduden ›Sexualität‹
Ein Sachlexikon für Schule, Ausbildung und Beruf
Die Vielfältigkeit der Sexualität. Mit Themen wie Pubertät und Erwachsenwerden, erste Liebe, Umgang miteinander, Empfängnisverhütung, Mutterschaft und Vaterschaft, Aids sowie Behinderung und Sexualität.

Recht

S. Knauth, Behindertes Kind, Ratgeber durch das Behindertenrecht, Beck-Rechtsratgeber, dtv, München 1995.

Sport/Spiele

S. Bröxkes und U. Herzog, Rollstuhlversorgung bei Kindern, Jugendlichen und Erwachsenen
Mobil mit Rollstuhl – Band 1, Eigenverlag Arbeitsgemeinschaft Spina bifida (ASbH) 1993.
Ein gutes Buch, um sich Tips und Informationen für eine optimale Rollstuhlanpassung zu holen. Nicht nur für Eltern behinderter Kinder, sondern auch für Fachleute.

C. Wilcox, Spiele für Körperbehinderte Kinder, rororo, Reinbek bei Hamburg 1991.
Dieses Buch bietet eine Fülle von Spielideen für verschiedene Arten von Behinderungen. Es beinhaltet eine große Auswahl an Vertrauens-, Musik-, Spaß-, Ball- und Sportspielen. Viele Ideen kann man auch bei Kindergeburtstagen für Kinder mit und ohne Behinderung umsetzen.

Geschwister

M. Winkelheide, Ich bin doch auch noch da, Aus der Arbeit mit Geschwistern behinderter Kinder, Trialog, Bremen 1992.
Ein wichtiger Beitrag zur Problematik der Geschwister von behinderten Kinder.

I. Archilles, »... und um mich kümmert sich keiner«, Piper, München 1995.
Inzwischen wird bei der Thematik ›Behindertes‹ Kind auch ein Focus auf die Geschwisterkinder gerichtet. Hier ein guter Beitrag dazu. Im Anhang dieses Buches finden sich weitere Literaturangaben.

J. Neumann (Hrsg.), Behinderung. Von der Vielfalt eines Begriffs und dem Umgang damit, Attempto Verlag Tübingen, 2. Auflage 1997.

H.-G. Heiden (HG.), Niemand darf wegen seiner Behinderung benachteiligt werden. Grundrecht und Alltag – Eine Bestandsaufnahme, rororo aktuell, Reinbek bei Hamburg 1996.

M. Jonas, Behinderte Kinder – behinderte Mütter?, Fischer Verlag, Frankfurt am Main 1990.

B. Beuys, Eltern behinderter Kinder lernen neu leben, rororo, Reinbek bei Hamburg 1993.

K. Kallenbach (HG.), Väter behinderter Kinder, rororo, Reinbek bei Hamburg 1994.

W. Thimm, Leben in Nachbarschaften. Hilfen für Menschen mit Behinderungen. Herder Verlag, Freiburg 1994.

T. Kroll/F. Petermann, Was kranke Kinder brauchen. Hilfen für den Alltag mit chronisch kranken Kindern. Herder Verlag, Freiburg 1993.

M. Arlt, Pubertät ist, wenn die Eltern schwierig werden. Tagebuch einer betroffenen Mutter. Herder Verlag, Freiburg 1992.

M. Arlt, Welt, ich komme! Der Pubertät 2.Teil. Herder Verlag, Freiburg 1995.

U. Haupt, Körperbehinderte Kinder verstehen lernen. Auf dem Weg zu einer anderen Diagnostik und Förderung. Verlag selbstbestimmtes Leben, Eigenverlag des Bundesverbandes für Körper- und Mehrfachbehinderte e.V., Düsseldorf 1996.

M. Winkelheide und H. Bücken, Mich hindert nichts am Spielen. Behinderte Menschen ins Spiel bringen. Trialog, Bremen 1995.

M.L. Moeller, Selbsthilfegruppen. Anleitungen und Hintergründe. rororo, Reinbek bei Hamburg 1996.

»Attempto Lebenswege«

Ina Hesse / Heide Wellershof (Hrsg.)

**»Es ist ein Vogel
Er kann fliegen im Text«**

Kinder schreiben sich ihre Geschichten von der Seele.

Mit einem Vorwort von Peter Härtling

*159 Seiten, br.
32,– DM / 234,– öS / 32,– sfr
ISBN 3-89308-272-7*

»Die merkwürdigen, seltsamen und komischen Geschichten eröffnen dem Leser eine faszinierende Welt voller Entdeckungen und Wunder.« **Psychosoziale Umschau**

»Ich möchte das Buch jedem empfehlen.« **Nicht ohne uns – Zeitschrift für psychisch Kranke und Genesende.**

Ursula Schuster

Lauter Stolpersteine

Übers Leben mit Epilepsie

*209 Seiten, br.
36,– DM / 263,– öS / 36,– sfr
ISBN 3-89308-248-4*

Epilepsie: facettenartig versucht Ursula Schuster, die verschiedenen Aspekte der Krankheit darzustellen.

Praktische Tips aus ärztlicher Sicht, ein Glossar mit Erläuterungen zu Fachbegriffen im Themenbereich Epilepsie und ein Verzeichnis wichtiger Adressen runden das Buch ab.

»Ein packendes Buch.«
Stuttgarter Zeitung

»Das Buch hilft, den Nährboden der Unwissenheit über diese Krankheit auszutrocknen.«
Ärzte-Zeitung

Attempto Verlag Tübingen